7 Claves De Mayordomia

QUE CONDUCEN A LA ABUNDANCIA

por Jason Hale

7 Claves De Mayordomia Que Conducen A La Abundancia
por Jason Hale
© 2025 Jason Hale. Todos los derechos reservados.

Ninguna parte de esta publicación puede ser reproducida o transmitida en nin-guna forma ni por ningún medio, mecánico o electrónico, incluyendo fotocopias y gra-baciones, ni por ningún sistema de almacenamiento y recuperación de información, sin el permiso por escrito del autor o del editor (excepto por parte de un crítico, que puede citar breves pasajes y/o mostrar breves clips de video en una reseña).

Aviso Legal: El editor y el autor no hacen ninguna declaración ni garantía con respecto a la exactitud o integridad del contenido de esta obra y renuncian específicamente a todas las garantías, incluidas, entre otras, las garantías de idoneidad para un fin determinado. No se puede crear ni ampliar ninguna garantía mediante materiales de venta o promocionales. Los consejos y estrategias aquí con-tenidos pueden no ser adecuados para todas las situaciones. Esta obra se vende en el entendimiento de que el editor no se dedica a prestar servicios jurídicos, contables u otros servicios profesionales. Si se requiere asistencia profesional, se deben buscar los servicios de un profesional competente. Ni el editor ni el autor serán responsables de los daños que se deriven de ello. El hecho de que en esta obra se haga referencia a una organización o sitio web como cita y/o fuente potencial de información adicional no significa que el autor o el editor respalden la información que la organización o el sitio web puedan proporcionar o las recomendaciones que puedan hacer. Asimismo, los lectores deben tener en cuenta que los sitios web de Internet que figuran en esta obra pueden haber cambiado desaparecido entre el momento en que se escribió esta obra y el momento en que se lee.

A menos que se especifique lo contrario, todas las citas bíblicas aquí incluidas, incluidas las citas marcadas con NIV, están tomadas de La Santa Biblia, Nueva Versión Internacional® NIV® Copyright © 1973, 1978, 1984, 2011 por Biblica, Inc. Usadas con per-miso. Todos los derechos reservados en todo el mundo. Las citas bíblicas marcadas con KJV están tomadas de la Versión King James. Las citas bíblicas marcadas con ESV están tomadas de la Biblia ESV® (La Santa Biblia, Versión Estándar en Inglés®), © 2001 por Crossway, un ministerio editorial de Good News Publishers. Edición del texto ESV: 2025. El texto ESV no puede citarse en ninguna publicación puesta a disposición del público mediante una licencia Creative Commons. La ESV no puede traducirse, ni en su totalidad ni en parte, a ningún otro idioma. Usado con permiso. Todos los derechos reservados.

ISBN 978-0-9981940-5-9 Tapa blanda
ISBN 978-0-9981940-6-6 Libro electrónico
Número de control de la Biblioteca del Congreso: 2025943524
Publicado por:
ONE WAY → JESUS Publishing
805 Lake Street #374
Oak Park, Illinois 60301
www.OneWayJesusPublishing.com

Este libro está dedicado a mi Señor y Salvador Jesucristo, quien salvó mi vida, me acepta tal como soy, me sacó de la pobreza y me llevó ante reyes.

Te amo profundamente.

Agradecimientos

AgradecimientosQuiero expresar mi más sincero agradecimiento a las siguientes personas:

A mi padre en el Señor, el difunto obispo Dr. Arthur M. Brazier, quien me enseñó a vivir para Cristo y me dio una base sólida en la doctrina de los apóstoles.

A mi pastor, el Dr. William (Bill) Winston, quien me enseñó la Palabra de Fe y me ayudó a descubrir mi identidad en Cristo.

A mi hermana Rauquaia Hale-Wallace, cuyo aliento, oraciones, consejos, compañerismo, profecías y palabras de sabiduría me ayudaron a avanzar más rápido en las cosas de Dios.

A mi hermano en Cristo, Alvin Pickett, cuya comunión, amistad y oraciones me ayudaron a pasar por el fuego del Refinador sin sentirme solo...

¡*Alabado sea Dios, de quien provienen todas las bendiciones!*

Índice

Agradecimientos v

Introducción
Sabiduría que edifica vidas 1

PRIMERA CLAVE
VISIÓN E IMAGINACIÓN
(Lo que ves)

Capítulo 1.1
La visión y el poder de la vista espiritual 9

Capítulo 1.2
Imaginación Profética 17

Capítulo 1.3
Imaginación Santificada 25

Capítulo 1.4
Enfoque lleno de fe 33

SEGUNDA CLAVE
CONOCIMIENTO
(Lo que Tú piensas)

Capítulo 2.1
Mayordomía de la mente 43

Capítulo 2.2
Pensamientos de Dios 49

Capítulo 2.3
El conocimiento que edifica 55

TERCERA CLAVE
CONFESIÓN
(Lo Que Declares)

Capítulo 3.1
El poder de las palabras 63

Capítulo 3.2
Las confesiones crean cultura 69

Capítulo 3.3
Declarando lo que Dios dijo 77

CUARTA CLAVE
TRABAJO Y SABIDURÍA
(Lo que haces)

Capítulo 4.1
La sabiduría para poner en practica 85

Capítulo 4.2
Entendiendo los tiempos. 91

Capítulo 4.3
Gracia para el esfuerzo 97

Capítulo 4.4
La bendición del trabajo 103

Capítulo 4.5
Sabiduría para el trabajo y la riqueza 109

Capítulo 4.6
Multiplicar con sabiduría 115

QUINTA CLAVE
GRATITUD
(Lo que expresas con tu corazón)

Capítulo 5.1
El poder de la gratitud..129

Capítulo 5.2
La gratitud desbloquea lo sobrenatural...........................137

Capítulo 5.3
El desbordamiento de un corazón agradecido..................145

SEXTA CLAVE
PRUDENCIA
(Lo que haces con tu tiempo)

Capítulo 6.1
Redimiendo el tiempo...155

Capítulo 6.2
La sabiduría de la planificación.....................................161

Capítulo 6.3
Tiempo, temporadas y discernimiento............................167

SÉPTIMA CLAVE
PROYECCIÓN
(Lo que haces con tu dinero)

Capítulo 7.1
Ver el dinero a través de los ojos del cielo......................175

Capítulo 7.2
Dominar el dinero antes de que él te domine..................181

Capítulo 7.3
Financiar la visión con la proyección del Reino...............191

Resumen del libro..201

Diario extra « »
7 Claves de mayordomia que conducen a la abundancia 203

Página de activación
Mi compromiso de mayordomía responsable.................... 206

Epílogo
Una oportunidad de oro 207

Acerca del autor 208

Introducción

Sabiduría que edifica vidas

Enfoque bíblico:
Proverbios 4:7–8 (RV)

«La sabiduría es lo principal; por tanto, adquiere sabiduría, y con todo lo que adquieras, adquiere entendimiento. Exáltala, y ella te exaltará; te honrará, cuando la abrazas».
— **Proverbios 4:7–8**

Este libro no trata solo de principios, sino de transformación. No es simplemente una guía para adquirir mejores hábitos. Es una invitación a iniciar una nueva forma de vida, arraigada en **la mayordomía del Reino**, impulsada por **la sabiduría del Reino** y marcada por **la sobreabundancia del Reino**.

No fuiste creado solo para sobrevivir. Fuiste creado para administrar.

Fuiste diseñado, ungido y llamado para llevar una visión, liderar con diligencia, hablar con autoridad y vivir una vida que refleje la abundancia de Dios, no solo en tus finanzas, sino en tu enfoque, tus relaciones, tu tiempo y tu legado.

Pero en un mundo ruidoso, acelerado y obsesionado por el éxito, es fácil perder de vista la misión. Nos distraemos con el ajetreo. Medimos el éxito por lo que acumulamos en lugar de por lo que cultivamos. Y en el proceso, a menudo nos alejamos de lo que más importa: **nuestro llamado a administrar fielmente lo que Dios nos ha confiado**.

Este libro es una recalibración. Es un retorno a lo que es eterno. Es una inmersión profunda en lo que yo llamo las **siete claves de la mayordomía**: siete dimensiones de la vida que, cuando se entregan a Dios y se dirigen con sabiduría, producen frutos que perduran.

¿Por qué este libro es importante ahora?

Hoy en día existe una crisis de mayordomía en el cuerpo de Cristo. Tenemos más acceso que nunca a herramientas, tecnología y enseñanza, pero aun así, muchos de nosotros seguimos sin tener visión, estamos agotados, no nos anticipamos a los problemas financieros, estamos distraídos espiritualmente, nos mantenemos ocupados pero somos ineficaces, tenemos dones pero no damos fruto.

No es falta de talento. Ni siquiera es falta de deseo. Es falta de sabiduría en cómo **administramos** los dones, el tiempo, las oportunidades, los recursos y la influencia que ya tenemos.

No estamos esperando más de Dios; **Él está esperando más de nosotros.**

¿Y si el avance por el que has estado orando no se retrasa por culpa del diablo, sino por tu desobediencia en tu disciplina?

¿Y si la abundancia que buscas se encuentra al otro lado de reordenar tu vida, tus pensamientos, tu confesión, tu calendario y tu presupuesto?

¿Y si ya tienes suficiente, o incluso más que suficiente, si aprendieras a administrarlo bien?

Eso es lo que aborda este libro.

¿Qué es la administración?

En términos sencillos, la administración es **gestionar lo que no te pertenece.** Es comprender que: Tu vida no te pertenece. Tu dinero no es tu fuente. Tu negocio no es tu identidad. Tu llamado no es casual y tu tiempo no es desechable.

No eres solo un dueño. **Eres un administrador, un gestor de recursos divinos.**

Dios es el Amo. Nosotros somos los administradores. Y desde Génesis hasta Apocalipsis, las Escrituras son claras: aquellos que son administradores fieles son promovidos, se les confía y se les recompensa. No solo en la eternidad, sino aquí y ahora.

> *«¿Quién es, pues, el siervo fiel y prudente, a quien su señor ha puesto a cargo...?»* — Mateo 24:45

Este libro no trata sobre la perfección. Trata sobre **la fidelidad.** Trata sobre aprender a multiplicar lo que Dios ha puesto en tus manos y convertirte en el tipo de persona a la que Él puede confiarle más.

Las siete claves de la mayordomía

A lo largo de los años, a través del estudio de las Escrituras, mentorías, pruebas, errores y el testimonio, he llegado a identificar **siete áreas específicas** en las que la mayordomía determina el éxito o el fracaso de la fructificación fruto de un creyente.

Cada capítulo de este libro se adentra en una de estas siete claves:

1. **Lo que ves: visión e imaginación**
   Tu capacidad para imaginar tu futuro influye en cómo te preparas, actúas y construyes hoy.

2. **Lo que piensas: conocimiento**
   Tus pensamientos dan forma a tus decisiones. Lo que le das de alimento a tu mente gobierna tu dirección.

3. **Lo que dices: confesión**
   La vida y la muerte están en el poder de la lengua. Tus palabras alinean tu vida con el miedo o con la fe.

4. **Lo que haces: trabajo y sabiduría**
   La diligencia, la disciplina y el discernimiento son los caminos hacia el crecimiento.

5. **Lo que expresas: gratitud**
   El agradecimiento se multiplica. El honor abre puertas. Quejarse tiene un costo.

6. **Lo que haces con tu tiempo: prudencia**
   No puedes fabricar el tiempo, pero si puedes desperdiciarlo, gastarlo o invertirlo.

7. **Lo que haces con tu dinero: proyección**
   El dinero revela tu confianza, tus valores y tu preparación para el futuro. No se trata de cuánto tienes, sino de cómo administras lo que ya posees.

Cada una de estas áreas afecta a las demás. Si descuidas una, el resto acabará sintiendo el impacto, pero si creces en las siete, te convertirás en el tipo de administrador que no solo genera incremento, sino el que también lo mantiene con integridad.

A quién va dirigido este libro

Este libro es para el emprendedor que está cansado de perseguir el éxito y quiere construir un legado; el líder ministerial que busca claridad en el caos; el creativo con ideas, pero sin estructura; el padre que cría hijos con mentalidad de Reino; el estudiante universitario que busca orientación; el creyente agotado que busca desesperadamente alinearse; y el visionario que ve más pero no sabe por dónde empezar.

Tanto si lideras un equipo como si lideras tu familia, tanto si estás empezando de nuevo como si estás ampliando tu negocio, estas claves son para ti.

No es necesario que lo tengas todo resuelto. Solo tienes que ser fiel con donde estás.

La promesa de la sobreabundancia

Este no es un libro del evangelio acerca de la prosperidad. Es un libro sobre la promesa del Reino. Porque en el Reino, la mayordomía siempre conduce al **crecimiento**.

> «Al que tiene, se le dará más...» — Mateo 13:12

La fidelidad es el semillero de la multiplicación. Cuando administras lo que ves, piensas, dices y haces, Dios trae Su aumento. Cuando administras lo que expresas, priorizas y das, Dios trae Su aumento. Este puede verse en forma de influencia, entendimiento, ingresos o impacto, pero siempre conducirá a la **sobreabundancia**.

Esta sobreabundancia no es para impresionar a los demás o validar cuanto vales tu, sino **para cumplir tu misión**.

Dios no solo quiere que seas fiel; quiere que seas **fructífero**. Porque la fructificación no se trata solo de la ganancia personal, sino también de alimentar a otros, construir comunidades, romper ciclos y cambiar atmósferas.

¿Cómo leer este libro?

Puedes leerlo de principio a fin. O puedes leer un capítulo por semana, meditar en las Escrituras, escribir tus reflexiones sobre las preguntas en un diario y orar las declaraciones.

Cada capítulo incluye: una base bíblica, una sección de enseñanza narrativa, ejemplos bíblicos y prácticos, preguntas para la reflexión y una declaración de oración.

El objetivo no es abrumarte, sino equiparte. Darte herramientas, no solo inspiración.

Deja que el Espíritu Santo te indique por dónde empezar. Algunos de ustedes tal vez necesiten empezar por su dinero. Otros, por su mentalidad. Otros, por cómo administran su tiempo. No hay un lugar incorrecto para empezar, siempre y cuando empieces.

Última palabra antes de empezar

Si estás leyendo esto, quiero decirte algo con claridad: **ya estás equipado. Ya has sido visto. Ya has sido elegido.**

No necesitas otra confirmación. No necesitas esperar una voz desde las nubes. Solo administra lo que ya tienes en tus manos. Cree lo que Dios ya ha dicho. Actúa con lo que ya has visto.

Dios no está esperando a que seas perfecto. Está esperando a que seas **fiel**.

Así que, adelante. Apoyémonos. Aprendamos a liderar con sabiduría. Convirtámonos en el tipo de administradores en los que el cielo puede confiar.

Entremos en una vida de **mayordomía que nos lleve a la sobreabundancia**.

PRIMERA CLAVE

VISIÓN E IMAGINACIÓN

(Lo que ves)

Capítulo 1.1
La visión y el poder de la vista espiritual

Pasajes bíblicos:
Proverbios 29:18, Génesis 13:14–17,
Habacuc 2:2–3

Proverbios 29:18 (RV) *18 Sin visión, el pueblo perece; pero el que guarda la ley, bienaventurado es él.*

Génesis 13:14–17 (RV) *14 Y Jehová dijo a Abram, después que Lot se había separado de él: Alza ahora tus ojos y mira desde el lugar donde estás hacia el norte, hacia el sur, hacia el oriente y hacia el occidente. 15 porque toda la tierra que ves te la daré a ti y a tu descendencia para siempre. 16 y haré tu descendencia como el polvo de la tierra, de modo que, si alguien puede contar el polvo de la tierra, también se contará tu descendencia. 17 levántate, recorre la tierra a lo largo y a lo ancho, porque yo te la daré.*

Habacuc 2:2–3 (RV) *2 Y el Señor me respondió y dijo: Escribe la visión, y grábala en tablas, para que corra el que la lea. 3 porque la visión es aún para el tiempo señalado, pero al final hablará y no mentirá; aunque tardaré, espérala, porque sin duda vendrá, no tardará.*

INTRODUCCIÓN. El poder de lo que ves

Una de las leyes espirituales más importantes del Reino es esta: **no puedes administrar lo que no ves.** La visión es la semilla de la administración. Cada acto de obediencia, cada recurso que administramos, cada decisión que tomamos, todo fluye de lo que percibimos en el Espíritu.

> «Sin visión, el pueblo perece...» — Proverbios 29:18

Este versículo no se refiere solo al liderazgo. Se refiere a la vida. Cuando las personas pierden de vista hacia dónde se dirigen, dejan de moverse con intención. Empiezan a andar por inercia en lugar de construir. Se conforman en lugar de avanzar. Se desaniman porque no ven esperanza en su futuro.

Pero cuando la visión está viva, las personas prosperan. El propósito regresa. La dirección se vuelve clara. La energía sigue a la claridad. Y lo más importante, la mayordomía comienza a tomar forma, no solo como un deber, sino como una estrategia divina.

En este capítulo, exploraremos el poder de la visión, cómo Dios la imparte, cómo el enemigo la ataca y cómo puedes administrar fielmente lo que Dios ha revelado. Ya seas pastor, empresario, padre o artista, una cosa es segura: **lo que ves en el Espíritu dará forma a lo que administras en tu vida.**

SECCIÓN 1. Abraham: alza tus ojos

La primera conversación importante de Dios con Abram después de la separación de Lot no fue sobre logística. No fue un seminario de liderazgo. Fue una invitación a mirar.

> «Alza tus ojos desde donde estás y mira al norte y al sur, al este y al oeste. Toda la tierra que ves te la daré...» — Génesis 13:14–15 (NVI)

Esto es profundo. Antes de que Dios le diera la posesión a Abram, le permitió ver.

En el Reino, la revelación precede a la adquisición.

Abraham se encontraba en la tierra prometida, pero no podía heredar lo que se negaba a visualizar. Ese principio no ha cambiado. Dios ha puesto dones, relaciones, ministerios y oportunidades ante su pueblo, pero permanecen intactos porque no nos hemos detenido a «alzar nuestros ojos».

En un mundo lleno de distracciones, la visión se convierte en el recurso más escaso. Todo compite por tu atención y tu enfoque. Pero la visión no es algo con lo que te topas por casualidad. La cultivas. La administras. Luchas por ella.

Para el emprendedor, esto significa ver su negocio no solo como un medio para obtener ingresos, sino como una herramienta del reino para causar impacto. Para el pastor, no se trata de atraer multitudes, sino de formar personas (también añadiría que el enfoque de la iglesia no debería centrarse solo en aumentar el número de asientos, sino también en aumentar la capacidad de envío). Para el creyente común, se trata de ver su hogar, sus finanzas y sus dones a través del lente del Cielo.

El viaje de Abraham no comenzó con un mapa. Comenzó con una revelación. Lo mismo ocurrirá contigo.

SECCIÓN 2. Habacuc: escribe la visión

«Entonces el Señor me respondió y dijo: Escribe la visión y grábala en tablas, para que corra el que leyere en ella». — Habacuc 2:2 (RV)

Dios no solo le dijo a Habacuc que recibiera la visión. Le ordenó que la escribiera. ¿Por qué? Porque lo que permanece en tu mente muere en tu mente; lo que no escribes, eventualmente lo olvidarás. Pero lo que está escrito se vuelve transferible, rastreable y administrable.

Escribir la visión tiene varios propósitos fundamentales:

- **Claridad:** El acto de escribir te obliga a pensar. Debes traducir la inspiración al lenguaje. La visión borrosa se vuelve clara en el papel.
- **Enfoque:** cuando todo parece urgente, una visión escrita te recuerda lo que es esencial.
- **Responsabilidad:** los objetivos escritos se pueden medir y revisar. Te hacen mantenerte firme en tu confesión.
- **Transferibilidad:** los demás no pueden seguir una visión que no pueden leer. Si quieres formar un equipo, poner en marcha un ministerio o hacer crecer un negocio, debes dejar clara la visión.

Dios no nos da una visión para admirarla. Nos la da para que la llevemos a cabo. No necesitas un plan de negocios de 50 páginas para obedecer a Dios, pero sí necesitas claridad. Puede ser un diario. Un tablero de visión. Una pizarra en tu oficina. Pero en algún lugar, debe estar por escrito.

La visión escrita se convierte en un arma.

Entonces, ¿qué hay escrito en tu casa en este momento? ¿Qué leen tus hijos? ¿En qué estás capacitando a tus empleados? ¿Qué lees cuando te desanimas?

Un administrador no solo recibe la visión. Un administrador la escribe.

SECCIÓN 3. Nehemías: la visión será atacada

Cuando Nehemías regresó para reconstruir los muros de Jerusalén, lo recibieron con burlas, no con aplausos.

Sanbalat y Tobías se rieron, y el resto dudó de la posibilidad. Los rumores, el sabotaje y el cansancio se apoderaron de ellos. Pero Nehemías se negó a bajar de la muralla. Del mismo modo, debemos negarnos a bajar de lo que vemos.

«Estoy haciendo una gran obra y no puedo bajar». — Nehemías 6:3

Toda gran visión se enfrentará a una guerra. Y, a menudo, esa guerra no vendrá de extraños, sino de adentro.

Dudas internas. Presión externa. Desaprobación familiar. Limitaciones financieras. Agotamiento y la tentación de ceder.

El enemigo de tu visión no siempre es el diablo. A veces, es la distracción.

Administrar la visión significa proteger tu enfoque. Significa saber qué muro estás construyendo y negarte a bajar de él.

Nehemías terminó el muro en solo 52 días, no porque tuviera las mejores herramientas, sino porque tenía un enfoque inquebrantable.

Los administradores fieles protegen su enfoque como los guerreros protegen sus puertas.

SECCIÓN 4. José: la visión requiere un proceso

La historia de José es uno de los retratos más vívidos de la visión en toda la Escritura. Cuando era adolescente, recibió un sueño de Dios.

En el sueño, su familia se inclinaba ante él. Era una visión de liderazgo e influencia.

Sin embargo, los siguientes 13 años no se parecieron en nada al liderazgo.

Sus hermanos lo traicionaron. Lo vendieron como esclavo. Lo acusaron falsamente y lo encarcelaron. Fue olvidado por precisamente aquellos a quienes él había ayudado.

Y, sin embargo, **Dios seguía trabajando en la visión.**

Lo que Dios te muestra no siempre coincide con lo que estás viviendo. Y ahí es donde la mayordomía se vuelve difícil. Porque cuando lo que ves espiritualmente y lo que experimentas naturalmente están en conflicto, te sentirás tentado a rendirte.

Pero José nunca abandonó la visión. Con el tiempo, la visión se cumplió exactamente como Dios había dicho.

> *«Vosotros lo pensasteis para mal, pero Dios lo encaminó a bien...»* — Génesis 50:20

La visión se pone a prueba en el pasillo entre la promesa y el palacio. Ese pasillo es donde la mayoría de la gente se rinde.

Pero los administradores fieles permanecen en el proceso. Interpretan los sueños de otras personas en la cárcel, sabiendo que los suyos se manifestarán con el tiempo. Sirven con excelencia incluso en los roles más insignificantes. Resisten la amargura. Permanecen disponibles.

No se alcanza la grandeza por haberla visto. Se alcanza porque **se ha administrado lo que Dios nos mostró, incluso cuando parecía que no funcionaba.**

SECCIÓN 5. Pablo: obediente a la visión celestial

Cuando Pablo se presentó ante el rey Agripa en Hechos 26, resumió su vida en una sola frase:

> *«No fui desobediente a esa visión celestial».* — Hechos 26:19 (NVI)

Es una declaración impresionante, porque Pablo había soportado naufragios, azotes, apedreos, hambre, prisión y traición. Sin embargo, él medía el éxito no por la comodidad, sino por la obediencia.

La visión no se trata de cuánto dinero ganas, a cuántas personas llegas o cuánto crece tu plataforma. La visión se trata de **alineación**. ¿Estás haciendo lo que Dios te mostró? ¿Estás viviendo la vida que Él te reveló? Para los empresarios, esto significa no perseguir todas las tendencias. Permanecer arraigado en el propósito que Dios te dio. Para los líderes de la iglesia, significa no imitar la iglesia de otra persona, sino construir la que Él te dijo que crearas. Para los creativos, significa escribir, diseñar o desarrollar lo que Dios te inspiró, no lo que obtiene más clics.

Dios mide la administración de tu visión por la obediencia, no por las apariencias.

SECCIÓN 6. Jesús: por el gozo que le esperaba.

Incluso Jesús fue impulsado por una visión.

> «*Por el gozo que le esperaba, soportó la cruz...*» — Hebreos 12:2 (NVI)

Eso es asombroso. Jesús soportó la traición, el derramamiento de sangre, la humillación y la crucifixión porque tenía **una imagen clara** de lo que estaba por venir. El gozo que le esperaba era la visión de ti y de mí redimidos, restaurados y reconciliados con el Padre.

El Rey del cielo administraba una visión de salvación.
Y esa visión le dio resistencia.

Si Jesús necesitó una visión para completar su misión, ciertamente no debemos pensar que podemos completar la nuestra sin ella.

La cruz no parecía una victoria, pero la visión le permitió ver la resurrección al otro lado. Puede que tu desafío actual no te parezca un propósito, pero la visión te mantendrá caminando hacia lo que te espera.

Una visión llena de fe te da fuerzas para administrar tu llamado a través de cualquier tormenta.

SECCIÓN 7. Herramientas prácticas para administrar la visión

La administración no se trata solo de revelación, sino también de responsabilidad.

Aquí tienes algunas **herramientas prácticas** que te ayudarán a administrar lo que Dios te muestra:

1. **Diario de la visión**
   Dedica un cuaderno a las cosas que Dios te muestra. Anota escrituras, sueños, palabras proféticas e ideas divinas. Revísalo mensualmente.
2. **La lista de «próximos pasos»**
   Cada visión debe ir acompañada de tus siguientes 1–3 pasos a seguir. No todo sucederá de inmediato. Pero una visión sin movimiento se estanca.
3. **Reuniones con consejeros sabios**
   Reúnete mensual o trimestralmente con un mentor, pastor o asesor de confianza. Comparte tu visión. Deja que te desafíen en tus puntos ciegos y confirmen tu dirección.
4. **Retiro para revisar la visión**
   Una vez al año, tómate unos días para orar, ayunar y revisar tu visión. ¿Qué sigue siendo relevante? ¿Qué necesita actualizarse? ¿Qué está listo para una acción atrevida?
5. **Decláralo a diario**
   Expresa en voz alta lo que Dios te ha mostrado. Deja que tu confesión se alinee con Su promesa, incluso cuando las circunstancias no lo hagan.

Solo puedes mantener tu visión mediante la repetición, la revisión y la realineación.

SECCIÓN 8. Preguntas para la reflexión

Tómate tu tiempo para reflexionar sobre estas preguntas ante Dios y en tu diario:

1. ¿Qué visión me ha dado Dios que he descuidado u olvidado?
2. ¿En qué ocasiones he permitido que las distracciones nublen mi enfoque?
3. ¿He escrito la visión con suficiente claridad para que otros puedan seguirla?
4. ¿Estoy más enfocado en los resultados que en la fidelidad?

5. ¿Cuál es el siguiente paso sencillo que puedo dar para honrar lo que Dios me ha mostrado?

SECCIÓN 9. Reflexión final y activación

La visión de un administrador es ver como Abraham: antes de que la tierra sea tuya, antes de que la multitud crea y antes de que parezca posible. Lo que ves podría permitirte **multiplicar lo que tienes ante ti, no solo administrarlo.**

SECCIÓN 10. Declaración de oración

Padre, gracias por la visión divina. Me arrepiento de las veces que ignoré o dudé de lo que me revelaste. Abre los ojos de mi corazón. Restaura mi vista espiritual. Dame el valor para escribir, proteger y actuar según lo que me has mostrado. Declaro claridad, coherencia y obediencia. No me bajaré del muro. Correré con la visión. En el nombre de Jesús, amén.

Capítulo 1.2

Imaginación Profética

Enfoque bíblico:
Joel 2:28, Éxodo 31:1–5, Romanos 4:17

Joel 2:28 (RV) *28 Y después de esto, derramaré mi Espíritu sobre toda carne, y vuestros hijos y vuestras hijas profetizarán, vuestros ancianos soñarán sueños, vuestros jóvenes verán visiones.*

Éxodo 31:1–5 (RV) *1 Habló Jehová a Moisés, diciendo: 2 Mira, yo he llamado por nombre a Bezaleel hijo de Uri, hijo de Hur, de la tribu de Judá; 3 y lo he llenado del Espíritu de Dios, en sabiduría y en inteligencia, en ciencia y en todo arte, 4 para inventar diseños, para trabajar en oro, en plata y en bronce, 5 y en artificio de piedras para engastarlas, y en artificio de madera; para trabajar en toda clase de labor..*

Romanos 4:17 (RV) *17 (Como está escrito: «Te he puesto por padre de muchas naciones»), delante de Dios a quien creyó, el cual da vida a los muertos y llama las cosas que no son como si fuesen.*

INTRODUCCIÓN. Cómo Dios utiliza las mentes creativas

En un mundo impulsado por los datos, la lógica y la producción, muchos subestiman el poder de la imaginación. Sin embargo, el primer capítulo de la Biblia comienza con la creatividad: Dios vio lo que no existía y lo creó con su palabra. Ese mismo Espíritu que se movía sobre el vacío ahora mora en nosotros, dándonos poder no solo para administrar lo que existe, sino también para imaginar lo que podría ser.

Esta visión, impulsada por el Espíritu, es la esencia de la imaginación profética. No se trata de la creatividad solo porque sí, sino de ver con los ojos de Dios y construir lo que Él revela.

Cuando Dios eligió a alguien para diseñar el Tabernáculo, no eligió a un guerrero ni a un teólogo, sino a un artista llamado Bezaleel.

¿Por qué? Porque Dios valora que sometamos nuestra imaginación a Su Espíritu. Bezaleel estaba «lleno del Espíritu de Dios, de sabiduría, inteligencia, conocimiento y toda clase de habilidades» (Éxodo 31:1-5). Se convirtió en un modelo de lo que significa crear bajo la dirección divina, donde la inspiración y la instrucción se unen. Esta historia nos recuerda que, en el Reino, la creatividad no solo está permitida, sino que está ungida.

La imaginación profética es un don divino, una capacidad impulsada por el Espíritu para ver más allá de lo que es y ver lo que Dios dice que puede ser. Noé imaginó un barco cuando la lluvia era un mito. David soñó con un templo que no viviría para construir. Juan vio la eternidad y las naciones en el Apocalipsis. Pablo escribió cartas imaginando iglesias que aún no existían. No eran alucinaciones. Eran planos para la actividad divina en la Tierra, dados a personas con corazones dispuestos a ver, escribir y actuar.

En este capítulo, desentrañaremos lo que realmente es la imaginación profética: no es fantasía ni escapismo, sino una fusión de fe y previsión. Es una herramienta de mayordomía que nos ayuda a cocrear con Dios. El mismo Espíritu que se movía sobre las aguas en Génesis ahora se mueve sobre tus ideas, impulsándote a dar forma a lo invisible. Romanos 4:17 dice que Dios «llama a las cosas que no existen como si ya existieran». Él nos invita a hacer lo mismo.

Pero la imaginación no es suficiente. Debemos combinarla con la sabiduría. Bezaleel recibió no solo inspiración, sino también comprensión, conocimiento y habilidad.

Daniel también ejemplificó esto; poseía tanto visión profética como estrategias prácticas para los reyes. En el mundo actual, especialmente para los emprendedores y líderes del Reino, este equilibrio es crucial. No se trata solo de soñar, sino de diseñar y ejecutar con excelencia.

Por supuesto, todo administrador creativo debe proteger su imaginación. Nuestra creatividad puede volverse egoísta si se separa de Dios. Por eso es vital la intimidad con Dios. Debemos preguntarnos: ¿Esta idea surgió de la oración o de la presión? ¿Está alineada con las Escrituras? ¿Servirá a los demás o solo me elevará a mí? La integridad, la intimidad y el impacto son los tres resguardos que garantizan que nuestra imaginación se mantenga en su lugar.

Al final, eres más que un receptor de ideas divinas: eres un portador. Un constructor. Un cocreador. La imaginación profética no está reservada solo para pastores o profetas; es para artistas, empresarios, padres, músicos y estrategas. Es para ti.

Este capítulo te animará a volver a soñar, a construir con audacia y a administrar los planos del Reino con sabiduría práctica y valentía profética.

SECCIÓN 1. Bezaleel: el plano del Reino en manos de un artesano

Cuando Dios reveló el diseño del Tabernáculo, el lugar sagrado que albergaría su gloria, no se lo dio a un sacerdote ni a un profeta, sino a un artista. Bezaleel, hijo de Uri, estaba lleno del Espíritu de Dios y dotado de sabiduría, entendimiento y habilidad para convertir una visión divina en una realidad física (Éxodo 31:1–5).

Este detalle no es casual. Revela que el derramamiento del Espíritu no está reservado para los predicadores y profetas, sino para los artesanos, diseñadores, y constructores. Bezaleel no se limitó a decorar, sino que interpretó lo invisible. Administró una revelación y la tradujo en texturas, tonos, tejidos y funciones. En Bezaleel vemos el corazón de la imaginación profética en acción.

Dios no solo quiere adoración desde el Tabernáculo; quiere mayordomía en su construcción. Elige a personas con **ojos espirituales y manos hábiles** para dar forma a los espacios donde puede morar el Cielo.

SECCIÓN 2. Definición de imaginación profética

La imaginación profética es la capacidad inspirada por el Espíritu para visualizar el futuro de Dios y co-labrar en su formación. No es fantasía, es **proyección basada en la fe**. Observa lo que existe actualmente y declara con audacia: «Hay más». Es el plano antes de la construcción. La melodía antes de la música. El boceto antes de la escultura. La chispa divina antes de que nada tome forma.

Como profetizó Joel: «*Vuestros hijos y vuestras hijas profetizarán, vuestros ancianos tendrán sueños, vuestros jóvenes verán visiones*» (Joel 2:28). La implicación no es solo la expresión espiritual, sino la coparticipación creativa en la agenda que se está desarrollando en el Reino.

La imaginación profética llama a las cosas que no son como si fuesen (Romanos 4:17). Es lo que permite a las personas con mentalidad del Reino iniciar ministerios, poner en marcha negocios, componer música, escribir libros, diseñar softwares y dar origen a movimientos, no por mera ambición, sino por obediencia a una imagen celestial.

SECCIÓN 3. La fe es el marco

Toda verdadera creatividad en el Reino comienza con una imagen en el espíritu. La fe da sustancia a esa imagen (Hebreos 11:1). Sin fe, la imaginación se convierte en escapismo. Pero con fe, la imaginación se convierte **en mayordomía**.

Pensemos en Noé: nunca había visto la lluvia, pero construyó un barco para un diluvio que nadie creía posible. Pensemos en David: soñaba con construir una casa para el Señor, aunque no era él quien la iba a construir. Pensemos en Pablo: escribió cartas a iglesias que aún no existían, con líderes a los que quizá nunca volvería a ver en este lado del cielo.

En cada caso, vieron algo más allá de su realidad actual y **actuaron en consecuencia**.

La imaginación profética debe estar arraigada en la Palabra, refinada por el Espíritu y expresada a través de la obediencia. No es una ilusión. Es **una visión en movimiento**.

SECCIÓN 4. La imaginación como herramienta de mayordomía

En el liderazgo del Reino, la imaginación no es infantil, es esencial. No se puede construir lo que no se ha visto. No se puede administrar lo que no se ha imaginado. La primera herramienta del arquitecto no es el martillo, es el plano. Del mismo modo, el primer paso del administrador no es la ejecución, es el entendimiento.

La falta de imaginación y entendimiento es donde muchos creyentes se quedan cortos. Esperan claridad, pero nunca cultivan la imaginación. Buscan oportunidades, pero no se atreven a imaginar lo que es posible. Quieren resultados divinos sin un proceso creativo.

Pero Dios siempre ha obrado a través de aquellos que ven, diseñan y construyen.

Administrar bien la imaginación significa:
- Dedicar tiempo a soñar en la presencia de Dios
- Anotar lo que Él te muestra
- Construir prototipos de propósito, aunque al principio sean desordenados.
- Permitir que tu comunión con Dios, y no la competencia, impulse tu proceso creativo

Tu imaginación no es un patio de recreo para el ego, sino un taller para la adoración.

SECCIÓN 5. El papel de la disciplina y la habilidad

Bezaleel no solo estaba inspirado, sino que también era hábil.

El Espíritu Santo lo llenó, sí, pero Dios también entrenó sus manos. Sabía cómo trabajar con oro, plata, piedra y madera. La imaginación profética sin **la habilidad artesanal** es solo inspiración. Pero se produce excelencia cuando se combina la visión con la disciplina.

La falta de constancia es lo que frena a muchos creyentes visionarios. Tienen el sueño, pero carecen de diligencia. Sin embargo, los administradores fieles no solo ven, sino que también **se agudizan.** Desarrollan sus habilidades, se comprometen con su formación, buscan consejos y van tras el crecimiento con humildad.

Como Pablo le escribió a Timoteo: «*Aviva el don de Dios que hay en ti...*» (2 Timoteo 1:6). Eso es mayordomía: convertir una chispa en una llama, un sueño en desarrollo.

La Iglesia debe recuperar el valor de la habilidad artesanal, donde nuestra práctica, y no solo nuestra pasión, refina nuestra imaginación.

SECCIÓN 6. Proteger la fuente

La imaginación es poderosa. Pero, como cualquier don, debemos protegerla.

Un administrador debe ser consciente de lo que alimenta la imaginación. Vivimos en un mundo repleto de contenidos, donde las pantallas dominan y la cultura clama por atención. Si no tenemos cuidado, nuestro lente creativo puede empañarse por:
- La comparación social
- La inspiración carnal
- Contenido basado en el miedo
- La presión cultural

Un administrador de la imaginación es selectivo con lo que recibe. Filtra los medios de comunicación. Protege el silencio. Valora la soledad. Entiende que la creatividad más clara fluye de **la comunión**.

Jesús a menudo se retiraba a lugares solitarios. No porque careciera de contenido, sino porque valoraba la claridad.

Del mismo modo, alimentamos nuestra imaginación profética con la cercanía, no con el ruido.

SECCIÓN 7. **La imaginación que edifica el Reino**

La imaginación profética no se trata solo del impacto personal, sino **del avance del Reino**.

Cuando Dios te da una imagen de algo que aún no existe, no es para tu ego, sino para el beneficio de los demás. Lo que construyes puede albergar Su presencia. Lo que escribes puede traer sanidad. Lo que compones puede llevar a los adoradores a un gran avance.

Los administradores creativos entienden que su producción no se trata de fama, sino de **frutos**.
- ¿Ese plan de estudios que estás diseñando? Puede discipular a miles.
- ¿Esa idea tecnológica? Puede financiar misiones.
- ¿Esa serie artística? Puede restaurar la dignidad y la esperanza de los corazones rotos.
- ¿Ese ritmo familiar que creas? Puede traer un cambio generacional.

El mundo no solo necesita más contenido. Necesita **imaginación consagrada**.

Dios te creó para construir con valentía viendo las cosas de manera diferente. Él quiere liberar el cielo en la tierra a través de ti.

SECCIÓN 8. Preguntas para reflexionar

1. ¿Qué me ha mostrado Dios en el lugar secreto que aún no he escrito ni perseguido?
2. ¿He tratado mi imaginación como un terreno sagrado o la he descuidado?
3. ¿Qué disciplinas puedo adoptar para fortalecer mi capacidad creativa?
4. ¿Mi visión está alineada con el Reino o impulsada por la ambición?
5. ¿Quién necesita lo que Dios me ha mostrado?

SECCIÓN 9. Oración de declaración

Señor, gracias por el don de la imaginación. Te consagro mi mente. Recibo la visión que has puesto en mí. Rechazo la comparación, el miedo y la confusión. Unge mi creatividad. Haz que mis ideas estén alineadas con tu Reino. Hazme un constructor de cosas invisibles y un administrador de los planos que tú revelas. En el nombre de Jesús, amén.

Capítulo 1.3

Imaginación Santificada

Enfoque bíblico:
Génesis 11:6, Romanos 12:2, Efesios 3:20

Génesis 11:6 (RV) *Y dijo Jehová: He aquí el pueblo es uno, y todos estos tienen un solo lenguaje; y han comenzado la obra, y nada les hará desistir ahora de lo que han pensado hacer».*

Romanos 12:2 (RV) *2 No os conforméis a este siglo, sino transformaos por medio de la renovación de vuestro entendimiento, para que comprobéis cuál sea la buena voluntad de Dios, agradable y perfecta.*

Efesios 3:20 (RV) *20 Y a Aquel que es poderoso para hacer todas las cosas mucho más abundantemente de lo que pedimos o pensamos, según el poder que actúa en nosotros.*

INTRODUCCIÓN. El don de una mente creativa

La imaginación es una de las formas de mayordomía más ignoradas. La mayor parte del mundo considera que la imaginación es algo infantil o caprichoso. Pero en el Reino de Dios, **la imaginación es una herramienta para el dominio.** La Biblia dice en Efesios 3:20:

«*Ahora bien, a aquel que es capaz de hacer mucho más abundantemente de lo que pedimos o pensamos, según el poder que obra en nosotros...*».

La palabra «pensar» en griego es *noieō*, que significa percibir, reflexionar, imaginar. Esta Escritura significa que Dios obra más allá de tu imaginación, pero no alejada de ella. **Si no puedes imaginarlo, probablemente no lo perseguirás.**

El enemigo lo sabe. Por eso, una de sus estrategias más efectivas es corromper tu imaginación. La llenará de miedo, de los peores escenarios posibles, de culpa, de fantasías, de lujuria y de orgullo, de cualquier cosa que pueda secuestrar tu poder creativo.

Pero cuando tu imaginación es santificada, se convierte en un lienzo profético. Empiezas a **ver lo que Dios ve,** no solo con tus ojos, sino con tu espíritu. Y ahí, amigo mío, es donde comienza la mayordomía sobrenatural.

SECCIÓN 1. **La torre de Babel: imaginación con unidad**

En Génesis 11:6, encontramos una profunda verdad escondida dentro de una historia de juicio: *«Y dijo el Señor: He aquí, el pueblo es uno, y todos tienen un mismo lenguaje; y esto es lo que comienzan a hacer; y ahora nada les impedirá lo que se han propuesto hacer».*

Dios mismo reconoció el **poder de la imaginación unificada.** No eran personas piadosas. Sus intenciones eran rebeldes. Sin embargo, incluso en la desobediencia, su **acuerdo mental creó un impulso.**

«Nada les impedirá hacer lo que se han propuesto».

Imagínense eso. Dios no dijo: «Nada de lo que construyan». Dijo: «Nada de lo que **imaginen».** Eso significa que tienen que construirlo dos veces: deben construirlo en su imaginación antes de construirlo con sus manos. Si lo hacen así, entonces «nada les impedirá llevar a cabo lo que se han propuesto».

También significa que la imaginación es una fuerza que, o construye Babel o construye el Reino. No es neutral, es direccional.

En los negocios, la imaginación se convierte en estrategia. En el ministerio, la imaginación se convierte en innovación. En una familia, la imaginación se convierte en un legado. En la oración, la imaginación se convierte en una visión.

Cuando las personas imaginan juntas, construyen más rápido. Cuando los líderes santificados llevan a los equipos a una imaginación compartida, se convierte en una **cultura profética.**

Pero, ¿qué sucede cuando la imaginación no está santificada? Se convierte en control, miedo o fantasía. Las personas imaginan el fracaso, la traición, la catástrofe. Imaginan los peores escenarios y lo llaman «ser realistas». Pero el problema no es la imaginación; es que su imaginación no ha sido santificada.

Por lo tanto, la pregunta no es si *tienes imaginación*. La pregunta es: ¿Quién es el dueño de tu imaginación? ¿Quién es la fuente que la inspira? ¿A quién se somete?

SECCIÓN 2. La transformación comienza en la mente

«No te conformes a este mundo, sino transfórmate por la renovación de tu mente...» — Romanos 12:2

El campo de batalla de la transformación es la mente. Eso incluye tu imaginación. No se trata solo de un cambio de comportamiento. Se trata de **una renovación mental**.

Renovar significa:
- Despojarse de lo viejo
- Reconstruir la estructura
- Reemplazar las ideas erróneas con la verdad

La mayoría de los creyentes no tienen un problema de disciplina. Tienen un **problema de pensamiento**, y bajo eso, a menudo hay un **problema de imaginación**.

Cuando tu imaginación no se renueva:
- Te alejas de las oportunidades
- Asumes el fracaso antes de empezar
- Imaginas el rechazo, no el favor
- Imaginas ciclos, no avances

Pero cuando **entregas tu imaginación al Espíritu Santo**, se convierte en una fuente santificada de instrucción creativa.

Una imaginación santificada imagina:
- La expansión del Reino
- La reconciliación
- Bendición generacional
- Ideas empresariales innovadoras
- Almas salvadas
- Soluciones a problemas imposibles

La imaginación santificada es lo que permitió a Pablo escribir cartas desde la cárcel llenas de alegría y visión. Él veía más allá de los barrotes. Su imaginación estaba viva incluso cuando su cuerpo estaba encadenado.

La renovación de tu imaginación puede ser el avance más crucial que no sabías que necesitabas.

SECCIÓN 3. La imaginación en la vida de David

David no era solo un guerrero; era un adorador, poeta y rey visionario. Antes de gobernar, imaginaba. Sentado en los campos de pastoreo, visualizaba la liberación, la grandeza y la gloria de Dios.

> «El Señor es mi pastor; nada me faltará...» — Salmo 23:1

Eso no era solo doctrina, era imaginación divina. David imaginaba a Dios caminando con él por verdes praderas, por valles, por campos de batalla y hacia la victoria. Su mente no estaba fija en las ovejas que tenía delante. Ancló su alma a la **presencia de Dios dentro de él.**

Cuando David se acercó a Goliat, tenía una imagen de victoria. El ejército de Israel se veía a sí mismo como saltamontes. David se veía a sí mismo como el campeón de Dios. La diferencia no era la armadura. La diferencia era la imaginación santificada por la fe.

Tu mentalidad determina tu estrategia. David no vino con una espada; vino con una honda. No luchó como Saúl; luchó como David porque tenía una imagen diferente en su corazón.

Nunca administrarás la visión de Dios para tu vida si llenas tu imaginación con derrota. **Debes verte a ti mismo como Dios te ve antes que nadie más.**

SECCIÓN 4. Cómo el enemigo contamina la mente

El enemigo no puede crear, pero puede **corromper**. Su arma preferida es la sugestión. Alimenta el miedo a través de imágenes falsas. Lleva a los creyentes a la preocupación mediante proyecciones pesimistas.

Las imágenes falsas son la razón por la que Pablo escribe:

> «Derribando todo argumento y toda altivez que se levanta contra el conocimiento de Dios...» — 2 Corintios 10:5

La palabra «imaginaciones» deriva del griego *logismos*: razonamiento, patrones de pensamiento, construcciones mentales. El enemigo no siempre te tienta con el mal; te atrapa con limitaciones.

Así es como se ve una imaginación contaminada:
- Imaginas que tu negocio fracasará antes de que comience
- Imaginas a la gente rechazando tu liderazgo
- Repites traumas pasados como si fueran tu futuro permanente
- Visualizas la lucha constante como tu «porción».

Pero esta es la verdad: **el diablo no puede definir tu imaginación a menos que tú le des el poder para hacerlo.**

En el momento en que entregas tus pensamientos a Cristo, comienza la reescritura. Empiezas a ver un propósito en el dolor. Empiezas a imaginar la reconciliación en las relaciones rotas. Empiezas a soñar de nuevo, no solo para ti, sino para los demás.

Así es como la imaginación santificada se convierte en guerra.

SECCIÓN 5. El pensamiento creativo como expresión profética

Muchas personas asumen que la profecía es solo verbal: «Así dice el Señor». Pero a menudo, la profecía se expresa **a través del pensamiento creativo.**

Cuando Dios le da a una persona una idea divina —una pintura, un concepto de negocio, un nuevo modelo de ministerio, el título de un libro, el diseño de un producto— es la **imaginación profética** en acción. Es ver algo que no existe en el reino natural y administrarlo hasta que se convierta en realidad.

La mayor parte de lo que Dios tiene previsto para la tierra no es visible y aún no ha llegado. Se necesitará imaginación profética y administración para que se haga realidad.

> «Clama a mí, y yo te responderé, y te revelaré cosas grandes e inescrutables que tú no conoces». — Jeremías 33:3

Dios no solo responde con hechos; responde con la verdad. **Responde con luz.** Responde con revelación: imaginación divina revelada.

Una imaginación santificada da lugar a:
- Soluciones inspiradas en la sala de juntas

- Ideas inspiradas por Dios para tu estrategia de mercadotecnia
- Canciones de adoración que liberan sanidad
- Planes de estudio que transforman a una generación
- Estrategias financieras que rompen los ciclos de pobreza

Tu imaginación no es carnal cuando se somete y se rinde a Dios; es **profética**.

Necesitamos más creyentes que dejen de preguntarse «¿qué está permitido?» y empiecen a preguntarse «Dios, ¿qué quieres crear a través de mí?».

SECCIÓN 6. **Herramientas prácticas para santificar tu mente**

Santificar tu imaginación no es algo automático. Requiere una administración intencional. Aquí tienes cinco herramientas que te ayudarán a diario:

1. **Revisar tu forma de pensar**
   Cada mañana, pregúntate: «¿Qué domina mi imaginación en este momento?». ¿Es el miedo? ¿La fe? ¿La esperanza? ¿El arrepentimiento?
2. **Inmersión en la Palabra**
   Cuanto más leas las Escrituras, más Dios remodelará tu estructura mental. La Palabra desarraiga las mentiras y planta la verdad.
3. **Disciplina visual**
   Sé consciente de lo que consumes visualmente. Las redes sociales, el entretenimiento, los anuncios... todos ellos alimentan la imaginación. Deja de lado lo que contamina. Alimenta lo que te impulsa.
4. **Diálogo con el Espíritu Santo**
   Pídele al Espíritu Santo que te dé la perspectiva del cielo. La imaginación alineada con Su presencia produce poder.
5. **Práctica creativa**
   Reserva tiempo cada semana para soñar con Dios. Escribe un diario, haz bocetos, haz lluvias de ideas y ora en el Espíritu con un bolígrafo en la mano. Deja que Él pinte en el lienzo de tu corazón.

SECCIÓN 7. **Preguntas para la reflexión**

Tómate tiempo para reflexionar y escribir tus respuestas:
1. ¿Qué imagino con más frecuencia: el miedo o la fe?
2. ¿Cuándo fue la última vez que le di espacio a Dios para que moldeara mi imaginación?
3. ¿Qué imágenes, pensamientos o recuerdos necesito entregarle hoy?
4. ¿Qué expresión creativa podría querer Dios dar a luz a través de mí?

SECCIÓN 8. **Declaración de oración**

Padre, te doy gracias por el don de la imaginación. Te entrego mis pensamientos, sueños e imágenes internas. Purifica mi imaginación. Elimina los residuos del miedo, el trauma y la limitación. Recibo la mente de Cristo. Te pido que me hables, me muestres y me guíes hacia visiones que se alineen con tu voluntad. Deja que mis pensamientos creen vida. Deja que mi creatividad te de gloria. En el nombre de Jesús, amén.

Capítulo 1.4

Enfoque lleno de fe

Enfoque bíblico:
Hebreos 12:1–2, Filipenses 3:13–14, Mateo 14:28–31

Hebreos 12:1–2 (RV) *Por tanto, nosotros también, teniendo en derredor nuestro tan grande nube de testigos, despojémonos de todo peso y del pecado que nos asedia, y corramos con paciencia la carrera que tenemos por delante, 2 puestos los ojos en Jesús, el autor y consumador de la fe, el cual por el gozo puesto delante de él sufrió la cruz, menospreciando el oprobio, y se sentó a la diestra del trono de Dios.*

Filipenses 3:13–14 (RV) *Hermanos, yo mismo no pretendo haberlo ya alcanzado; pero una cosa hago: olvidando ciertamente lo que queda atrás, y extendiéndome a lo que está delante, 14 prosigo a la meta, al premio del supremo llamamiento de Dios en Cristo Jesús.*

Mateo 14:28–31 (RV) *28. Entonces le respondió Pedro, y dijo: Señor, si eres tú, manda que yo vaya a ti sobre las aguas. 29 Y él dijo: Ven. Y descendiendo Pedro de la barca, andaba sobre las aguas para ir a Jesús. 30 Pero al ver el fuerte viento, tuvo miedo; y comenzando a hundirse, dio voces, diciendo: ¡Señor, sálvame! 31 Al momento Jesús, extendiendo la mano, asió de él, y le dijo: ¡Hombre de poca fe! ¿Por qué dudaste?*

INTRODUCCIÓN. La lucha por mantener la concentración

Si la visión es lo que ves, el enfoque es en lo que decides **mantenerte concentrado**.

En la cultura actual, la concentración es algo poco común. «Robar tu atención» es algo que se ha incorporado a todo. Las notificaciones de las redes sociales, las obligaciones en el trabajo, el entretenimiento en diversas plataformas, la presión de las expectativas sociales... todo eso es ruido. Pero en el Reino, **la concentración llena de fe no es opcional**. Es esencial para dar fruto.

Puede que Dios te haya dado una visión divina, pero **es tu concentración inquebrantable la que, en última instancia, determina tu resultado final**.

Hebreos 12:2 nos dice que fijemos nuestros ojos en Jesús, el autor y consumador de nuestra fe. ¿Por qué? Porque en quien te enfocas es a quien sigues. **La concentración impulsa el movimiento. La distracción retrasa el destino**.

El enfoque no tiene que ver con el tipo de personalidad, sino con la madurez espiritual. Se trata de decir:

«Dios, elijo concentrarme. Me niego a dejarme llevar por el miedo, el cansancio o los sentimientos. Correré la carrera con los ojos puestos en ti».

En este capítulo, descubriremos cómo proteger tu concentración, guardar tu energía y perseverar con claridad para que tu visión produzca resultados.

SECCIÓN 1. Los ojos puestos en Jesús: el ejemplo de la fe

> «... Corramos con perseverancia la carrera que tenemos por delante, fijando la mirada en Jesús, el autor y consumador de nuestra fe...» — Hebreos 12:1–2

Este versículo enseña algo profundo: **no se puede correr bien si no estás viendo bien**.

La concentración es direccional. No se puede caminar en una dirección mientras se mira en otra. Cuando fijamos nuestros ojos en Jesús, no solo lo estamos contemplando, sino que nos estamos anclando a Él.

Jesús soportó la traición, la tortura y la cruz porque veía «el gozo que le esperaba». Tenía una imagen de la redención que superaba su dolor. Su enfoque no estaba en los clavos, sino en el resultado. Así es como pudo soportarlo.

Para nosotros, el enfoque es una elección para mantener nuestros ojos en Él, **no en los críticos, ni en el caos, ni en el calendario.**

Puede que estés dirigiendo una iglesia, gestionando un equipo, criando a adolescentes o construyendo un negocio. Pero la pregunta es: *¿Qué estás mirando mientras lo haces?*

- ¿Tienes los ojos puestos en el problema o en la promesa?
- ¿En tus limitaciones o en la suficiencia de Dios?
- ¿En la tormenta o en el Salvador?

El enfoque lleno de fe no es pasivo, es intencional. Es una acción deliberada que te ayuda a evitar que tu mente entre en espiral, que tus emociones se derrumben y que tus decisiones se desvíen.

Jesús no es solo el comienzo de tu fe; Él es el enfoque que te ayuda a seguir adelante.

SECCIÓN 2. Pedro sobre el agua: el costo de la distracción

En Mateo 14, Pedro hizo algo que ningún otro discípulo se atrevió a hacer: caminar sobre el agua.

> « Y descendiendo Pedro de la barca, andaba sobre las aguas para ir a Jesús. 30 Pero al ver el fuerte viento, tuvo miedo; y comenzando a hundirse...» — Mateo 14:29–30

Pedro caminó sobre el agua **mientras se enfocó en Jesús.** En el momento en que miró el viento, comenzó a hundirse.

El problema no era el viento. Este había estado allí todo el tiempo. El problema fue que Pedro **cambió su enfoque.**

La distracción siempre te hará hundirte más rápido que la debilidad. Muchos líderes no se agotan porque trabajan demasiado, sino porque están **sobreestimulados** y **poco enfocados.**

Pedro tenía un impulso sobrenatural hasta que su enfoque se fracturó.
- ¿Cuántas veces comenzamos con fe, pero empezamos a hundirnos cuando nos invade el miedo?
- ¿Cuántas veces dejamos que la tormenta se vuelva más real que el Salvador?

El enfoque no significa que las tormentas cesen. Significa que las tormentas dejan de moldear tus decisiones.

Si quieres caminar en el éxito sobrenatural, debes aprender a **concentrarte a pesar del ruido.**

SECCIÓN 3. Pablo: Olvidando lo que queda atrás

«Una cosa hago: olvidando lo que queda atrás y esforzándome por alcanzar lo que está delante, sigo avanzando...» — Filipenses 3:13–14

Pablo entendió que **el enfoque requiere olvidar.** No puedes seguir adelante mientras te aferras a lo que queda atrás. Las victorias y los fracasos del ayer pueden convertirse en distracciones si dominan tu atención.

Para Pablo, olvidar no significaba borrar los recuerdos. Significaba negarse a dejar que ellos definieran su dirección. Su enfoque estaba en el *llamado celestial*, la tarea divina que tenía por delante.

Muchos creyentes están estancados porque miran hacia atrás:
- Repitiendo lo que no funcionó
- Reviviendo quién se alejó
- Recordando una y otra vez lo que les dolió
- Arrepintiéndose de lo que no hicieron

Pero Pablo dijo: «**Una cosa hago...**». El enfoque no se trata de hacer muchas cosas a la vez, sino de dominarlas.

Cuando intentas enfocarte en demasiadas cosas, diluyes tu fe. Pero cuando te comprometes con una sola cosa —un llamado, un paso, una Palabra— generas impulso. Este compromiso te empodera, te da la fuerza para seguir adelante.

La mayordomía fiel significa enfocarse en el resultado futuro y no quedar atrapado por el pasado.

SECCIÓN 4. Los enemigos de la concentración

Si Dios utiliza la concentración para hacerte avanzar, puedes estar seguro de que el enemigo utilizará la distracción para detenerte.

Aquí hay cinco enemigos comunes del enfoque lleno de fe:

1. **La comparación**
   Mirar lo que otros están construyendo, liderando o logrando nublará tu claridad. No puedes correr tu carrera mientras miras la de otra persona.

2. **El ajetreo**
   No toda actividad es obediencia. El diablo no tiene que hacerte malo, solo tiene que mantenerte ocupado. La concentración muere cuando falta el margen.

3. **Ofensa**
   Nada descarrila la visión como un corazón herido. Cuando alimentas el rencor, ensayas el dolor. Y en lo que ensayas, te enfocas.

4. **Visión poco clara**
   Sin un «por qué» convincente, tu energía se dispersará. La concentración necesita un objetivo. La falta de claridad crea distracción por defecto.

5. **Miedo a perderse algo (FOMO)**
   Perseguimos cada oportunidad porque tememos perdernos «la gran oportunidad». Pero en el Reino, **Dios honra la fidelidad por encima del movimiento frenético.**

Una vida enfocada es una vida fructífera. No puedes enfocarte en todo. Pero debes enfocarte en algo, y es mejor que sea eterno.

SECCIÓN 5. El poder de «una cosa»

A lo largo de las Escrituras, vemos que la frase «una cosa» se utiliza repetidamente. Es un hilo conductor de una vida enfocada que se entreteje a través de vidas de gran impacto.

> *«Una cosa pido al Señor... que pueda morar en la casa del Señor...»* — Salmo 27:4

> *«Una cosa te falta...»* — Marcos 10:21

«Una cosa hago...» — Filipenses 3:13

«Solo una cosa es necesaria...» — Lucas 10:42

Dios bendice el enfoque singular. **Cuando conoces la que sería tu «una cosa» en esta temporada, todo lo demás encaja en su lugar.**

Para María, era sentarse a los pies de Jesús. Para David, era buscar la presencia de Dios. Para Pablo, era seguir adelante. Para Jesús, era terminar la obra de su Padre.

Entonces, ¿cuál es *tu "una cosa"* de este momento?

No es tu plan a cinco años. No es tu meta para algún día. ¿Cuál es la única cosa en la que debes enfocarte **hoy**?

El enfoque no se trata de limitarse, sino de alinearse. Cuando tu enfoque se alinea con el Reino, la gracia te sigue.

SECCIÓN 6. Herramientas para fortalecer tu enfoque

Aquí tienes algunas formas prácticas de mantenerte enfocado cuando abundan las distracciones:

1. **El enfoque matutino**
   Empodérate comenzando cada día con la pregunta: *«Señor, ¿cuál es mi tarea hoy?»*. Luego, tal vez quieras escribirla y mantenerla a la vista, para establecer el tono de un día enfocado y productivo.

2. **El recordatorio de la visión**
   Mantente inspirado y motivado colocando la visión que Dios te ha dado en lugares a donde sueles mirar, como el espejo, la pantalla del teléfono o el tablero del carro. La concentración requiere refuerzo visual, y tu refuerzo visual te mantendrá en el buen camino.

3. **El margen del reinicio**
   Reserva tiempo para *no* hacer *nada* más que estar en silencio ante Dios. El silencio fortalece la claridad. Las distracciones suelen prosperar en el ruido.

4. **El compañero de responsabilidad**
   Comparte con un amigo o mentor de confianza tu objetivo de concentración para la semana. Deja que te ayuden a cumplirlo. La concentración florece con el apoyo.

5. **El filtro de sí/no**
   Antes de aceptar cualquier nueva oportunidad, pregúntate: «*¿Esto se alinea con mi enfoque para esta temporada?*». Si no es así, déjalo pasar.

SECCIÓN 7. Preguntas para la reflexión

1. ¿A qué me está llamando Dios a enfocarme en esta temporada?
2. ¿Qué distracciones han estado absorbiendo mi energía y atención?
3. ¿Qué voces o plataformas estoy escuchando que están nublando mi claridad?
4. ¿Cómo puedo estructurar mi semana para reflejar mi enfoque en lugar de mi frenesí?

SECCIÓN 8. Declaración de oración

Padre, te doy gracias por el don de la concentración. Fijo mis ojos en ti, por encima de todo temor, más allá de toda distracción. Me arrepiento de haber dejado que la preocupación, la comparación y el ajetreo nublaran mi llamado. Refina mi concentración. Muéstrame mi «única cosa» para esta temporada. Declaro claridad, disciplina y atención inquebrantable a lo que me has asignado. No me hundiré en la tormenta. No apartaré la mirada. Mis ojos están puestos en ti. En el nombre de Jesús, amén.

SEGUNDA CLAVE

CONOCIMIENTO

(Lo que Tú piensas)

Capítulo 2.1

Mayordomía de la mente

Enfoque bíblico:
Romanos 12:2, Filipenses 4:8, 2 Corintios 10:5

Romanos 12:2 (RV) *2 Y no os conforméis a este mundo, sino transformaos por la renovación de vuestro entendimiento, para que comprobéis cuál es la buena voluntad de Dios, agradable y perfecta.*

Filipenses 4:8 (RV) *8 Por lo demás, hermanos, todo lo que es verdadero, todo lo honesto, todo lo justo, todo lo puro, todo lo amable, todo lo que es de buen nombre; si hay alguna virtud, si hay algo digno de alabanza, en esto pensad.*

2 corintios 10:5 (RV) *5 Derribando argumentos y toda altivez que se levanta contra el conocimiento de Dios, y llevando cautivo todo pensamiento a la obediencia a Cristo.*

INTRODUCCIÓN. Por qué la mente importa

La mente es la puerta de entrada al destino. No puedes administrar tu vida, tus recursos o tu vocación si no aprendes a **administrar tus pensamientos.**

> *«Sed transformados por la renovación de vuestro entendimiento...»*
> — Romanos 12:2

Todo lo que Dios quiere hacer a través de ti debe ser procesado primero **en ti.** Antes de que la transformación se manifieste en tu comportamiento, comienza en tu mente.

El diablo lo sabe. Por eso su mayor guerra no es en tus circunstancias, sino en tus **pensamientos**. Si puede moldear tu forma de pensar, podrá moldear tus decisiones. Si puede moldear tus elecciones, podrá moldear tu dirección. Y si moldea tu dirección, secuestrará tu destino. Pero la buena noticia es **que no estás indefenso**. Dios te ha dado autoridad, sabiduría y armas espirituales para **tomar el control de tu** mente, para romper viejos patrones, construir un pensamiento basado en la verdad y vivir desde una mentalidad renovada.

Este capítulo te ayudará a:
- Identificar los pensamientos tóxicos
- Reemplazarlos con la verdad
- Construir un marco mental que se alinee con el propósito de Dios

Porque hasta que no entregues tu mente a Dios, Él no transformará tu vida.

SECCIÓN 1. Romanos 12: Renovación antes de la transformación

« No se amolden al mundo actual, sino sean transformados mediante la renovación de su mente....» — Romanos 12:2

Este versículo no dice: *«Transfórmense» esforzándose más.* Dice: *«Transfórmense» pensando de manera diferente.*

La fe no es solo un catalizador, es la fuerza motriz de la transformación. **No se trata de cambiar tu comportamiento, sino de cambiar tu sistema de creencias.** Al alterar tu perspectiva sobre Dios, sobre ti mismo, sobre los demás, sobre el éxito, el fracaso, el propósito y el destino, puedes cambiar verdaderamente tu vida.

La palabra griega para «renovar» es anakainosis, una renovación completa. No un retoque. Es un derribar y reconstruir. En este proceso, Dios no es solo un observador, sino un participante activo. Él quiere eliminar la vieja forma de pensar e instalar el plan de Su Reino, que es un plan divino para tu vida, lleno de amor, propósito y plenitud. Tu papel es alinear tus pensamientos y acciones con Su plan.

Esto es lo que significa:
- Antiguo pensamiento: *«Nunca seré suficiente».* Pensamiento renovado: *«Soy completo en Cristo».*

- Antiguo pensamiento: *«Esto nunca cambiará»*. Pensamiento renovado: *«Con Dios, todo es posible»*.
- Antiguo pensamiento: *«No sé lo que estoy haciendo»*. Pensamiento renovado: *«Tengo la mente de Cristo»*.

Recuerda, **tu mente es el centro de control de tu destino.** No se trata solo de adoptar nuevos hábitos, sino de instalar un sistema operativo completamente nuevo. Tienes el poder de liberar o restringir tu llamado, tu futuro y tu destino.

SECCIÓN 2. 2 Corintios 10: Llevando cautivos los pensamientos

«... llevad cautivo todo pensamiento a la obediencia en Cristo». — 2 Corintios 10:5

Tu mente no es una autopista por la que puede circular cualquier pensamiento. Es una fortaleza, un lugar seguro, y **tú eres el guardián**, el que se asegura de que solo entren los pensamientos correctos.

Cada día llegan pensamientos:
- Algunos son de Dios
- Algunos provienen de tu carne
- Algunos provienen del enemigo

No siempre puedes controlar lo que aparece, pero puedes controlar lo que permanece.

Tomar cautivos los pensamientos significa:
- Interrogar los pensamientos que no concuerdan con la verdad de Dios
- Rechazar las mentiras y sustituirlas por las Escrituras
- Negarse a meditar en lo que Dios nunca dijo

Cuando surge un pensamiento que dice: *«No eres lo suficientemente bueno»*, no te quedes con él; **átalo, recházalo y responde con la verdad, afirmando tu control sobre tu mente.**

Cuando llevas cautivo cada pensamiento, estás participando en una guerra espiritual, que se gana en la mente. Por lo tanto, mantente siempre listo para luchar.

SECCIÓN 3. El costo de una mente descuidada

Una mente descuidada es como una ciudad sin protección: vulnerable, caótica y, finalmente, invadida.

Cuando no administras tus pensamientos:
- El miedo se multiplica
- La ansiedad se vuelve normal
- La confusión se instala
- La depresión gana terreno
- La amargura se agrava
- El orgullo se arraiga sutilmente

Muchos creyentes son espiritualmente fuertes, pero mentalmente débiles, no porque carezcan de fe, sino porque han abandonado su vida intelectual.

Oran con poder el domingo, pero el lunes caen en una espiral de miedo. Creen en las promesas de Dios con la boca, pero repiten mentiras en su mente.

¿Por qué? Porque **tu mente también debe ser discipulada.**

Al igual que tu corazón necesita oración, tu mente necesita renovación. Al igual que tu espíritu necesita la Palabra de Dios, tu mente necesita **alineación mental**. Si no alimentas tu mente con la verdad, se deleitará con todo lo que el mundo le ofrezca, y cuando la mente está desnutrida, el alma se vuelve inestable.

No puedes administrar tu asignación si tu mente no está rendida.

SECCIÓN 4. Filipenses 4: Piensa en estas cosas

«Todo lo que es verdadero, noble, justo, puro, amable, admirable, piensa en estas cosas». — Filipenses 4:8

Pablo no solo nos dice en qué dejar de pensar, sino también en qué empezar a pensar.

Pensar en las cosas de arriba no es solo una cuestión de optimismo; es un aspecto fundamental del pensamiento disciplinado, lo cual es crucial para el crecimiento espiritual.

Si tu mente es un jardín, **esta es tu lista de cultivo:**
- Verdad
- Honor
- Justicia
- Pureza
- Belleza
- Excelencia
- Alabanza

Debes arrancar como si fuera una mala hierba todo pensamiento que no esté alineado con **estas cosas.**

Reemplaza tus pensamientos utilizando la disciplina espiritual de la meditación, no vaciando tu mente, sino llenándola con la verdad divina.

Los pensamientos negativos no se superan «intentando no pensar en ellos». Se superan **sustituyéndolos** por otros mejores.

SECCIÓN 5. Construir una mentalidad basada en la verdad

La mayordomía de la mente no es una decisión que se toma una sola vez, es una **disciplina diaria.**

A continuación, te indicamos cómo construir una mentalidad basada en la verdad:

1. **Rutina de renovación**
   Comienza cada día con un pasaje de las Escrituras que se ajuste a tu área de necesidad para lograr un avance. Dilo en voz alta, medítalo y deja que moldee tu forma de pensar.

2. **Audita tus pensamientos**
   Una vez a la semana, escribe los pensamientos recurrentes que has estado teniendo. Estos pueden ser pensamientos de duda, miedo o negatividad. Pregúntate: ¿Es esto cierto? ¿Es bíblico? ¿Es útil? Si no es así, reemplázalo por un pensamiento más positivo y veraz.

3. **Declara y reemplaza**
   Cuando aparezcan pensamientos tóxicos, declara la verdad de inmediato. Entrena tu mente para responder con fe, no con miedo.

4. **Margen mental**
   Tómate un tiempo cada día sin ruidos, sin teléfono, sin medios de comunicación. Deja que tu mente respire. La claridad prospera en el silencio.

5. **Responsabilidad**
   Invita a alguien a que desafíe tu forma de pensar. Deja que te pregunte: «¿Es eso lo que Dios dice de ti?».
   No puedes administrar tu llamado si eres prisionero de tus pensamientos. Por lo tanto, elige cada día: *¿Me aliaré con la verdad o toleraré las mentiras?*

SECCIÓN 6. Preguntas para la reflexión

1. ¿Qué patrones de pensamiento han estado moldeando mi vida sin mi permiso?
2. ¿Qué mentiras he aceptado que contradicen la Palabra de Dios?
3. ¿Cómo puedo empezar a renovar mi mente cada día?
4. ¿Quién puede ayudarme a rendir cuentas para ser buen mayordomo de mi mente?

SECCIÓN 7. Declaración de oración

Padre, gracias por el don de mi mente. Te entrego cada pensamiento, creencia y patrón mental. Rechazo las mentiras y levanto la verdad. Enséñame a pensar como Tú: llena mi mente de paz, claridad y fe. Alineo mis pensamientos con Tu Reino y camino con fuerza renovada. En el nombre de Jesús, amén.

Capítulo 2.2

Pensamientos de Dios

Enfoque bíblico:
Isaías 55:8–9, 1 Corintios 2:16, Salmo 139:17–18

Isaías 55:8–9 (RV) *8 Porque mis pensamientos no son vuestros pensamientos, ni vuestros caminos son mis caminos, dice el Señor. 9 Como los cielos son más altos que la tierra, así son mis caminos más altos que vuestros caminos, y mis pensamientos más que vuestros pensamientos.*

1 Corintios 2:16 (RV) *16 Porque ¿quién ha conocido la mente del Señor, para que pueda instruirlo? Pero nosotros tenemos la mente de Cristo.*

Salmos 139:17–18 (RV) *17 ¡Cuán preciosos me son, oh Dios, tus pensamientos! ¡Cuán grande es la suma de ellos! 18 Si los contase, serían más que la arena; cuando despierto, aún estoy contigo.*

INTRODUCCIÓN. Aprender a pensar como Dios

Uno de los mayores privilegios de caminar con Dios es la invitación a **pensar como Él.**

> *«Porque mis pensamientos no son vuestros pensamientos, ni vuestros caminos son mis caminos», declara el Señor.* — Isaías 55:8

A primera vista, esto suena como un rechazo. Pero en realidad, es una invitación. Dios no está diciendo: «Nunca me entenderás». Está diciendo: «*Tus pensamientos naturales no pueden alcanzarme, pero quiero elevar los tuyos a los míos*».

> *«Tenemos la mente de Cristo».* — 1 Corintios 2:16

La mente de Cristo significa:
- Puedes adoptar la perspectiva del Reino
- Puedes descargar sabiduría al instante
- Puedes procesar las situaciones a través del lente de Dios.
- Puedes pensar, planear y liderar con entendimiento divino

Este capítulo te ayudará a:
- Identificar cuándo tus pensamientos se oponen a los de Dios
- Alinear tu mentalidad con Su Palabra
- Desarrollar un estilo de vida en sintonía con el Reino

Los pensamientos de Dios no solo son más elevados, sino también más santos, más sabios y eficaces, y Él quiere compartirlos contigo.

SECCIÓN 1. Isaías 55: La grandeza del pensamiento divino

«Porque mis pensamientos no son vuestros pensamientos, ni vuestros caminos son mis caminos —declara el Señor—. Como los cielos son más altos que la tierra, así son mis caminos más altos que vuestros caminos...» — Isaías 55:8–9

Esta Escritura es una de las más citadas y una de las más malinterpretadas sobre los pensamientos de Dios.

Dios no nos está restregando lo inferiores que somos. **Nos está invitando a mejorar** nuestra mentalidad.

Cuando dice que sus pensamientos son más elevados, quiere decir que:
- Son redentores, no reactivos.
- Ven la historia completa, no solo la lucha actual.
- Están arraigados en la verdad, no en el trauma.
- Están enfocados en la eternidad, no impulsados por las emociones.

Para administrar bien tu vida, necesitas acceder al punto de vista del Reino.

Dios no solo quiere que te comportes mejor, sino que **creas de una manera diferente.** Eso significa permitir que Su Palabra desafíe tus suposiciones, interrumpa tus dudas y replantee tus conclusiones.

Siempre que tus pensamientos contradigan los suyos, tienes una opción:
- *¿Me aferro a mi perspectiva o me rindo a la Suya?*
- No puedes caminar en resultados divinos mientras vives según el razonamiento natural.

SECCIÓN 2. 1 Corintios 2: La mente de Cristo

«Pero nosotros tenemos la mente de Cristo». — 1 Corintios 2:16

Asimila esta profunda verdad: Dios no solo quiere que creas en Jesús, sino también que **pienses como Él.**
Eso significa:
- Puedes acceder a la sabiduría de Dios en tus decisiones
- Puedes discernir la verdad espiritual detrás de los problemas naturales.
- Puedes responder con fe cuando otros entran en pánico por el miedo.
- Puedes abordar el liderazgo con una estrategia sobrenatural.

La mente de Cristo no tiene que ver con el coeficiente intelectual, sino con la intimidad.

A medida que pasas tiempo en oración, en la Palabra, en la adoración y en una comunidad sabia, tu forma de pensar **cambia.** Dejas de sacar conclusiones precipitadas. Empiezas a buscar primero el consejo de Dios. Dejas de reaccionar con miedo. Empiezas a responder desde la paz.

La mente de Cristo se convierte en tu brújula interna. Te mantiene centrado en las tormentas, con los pies en la tierra en los conflictos y enfocado durante el caos.

SECCIÓN 3. Reemplazar mis pensamientos por los suyos

La alineación no ocurre automáticamente; requiere un reemplazo intencional. No puedes adoptar los pensamientos de Dios mientras te aferras a los tuyos. Algo debe irse.

«Que el impío abandone su camino y el inicuo sus pensamientos...»
— Isaías 55:7

La transformación comienza donde empieza la rendición.
Así es como reemplazas tus pensamientos con los de Dios:

1. **Identifica el conflicto**
   ¿Qué estoy pensando que no se alinea con Su Palabra? Ejemplo:
   - Mi pensamiento: *«Siempre me pasan por alto»*.
   - El pensamiento de Dios: *«Tú eres elegido y designado»*. — Juan 15:16

2. **Encuentre la verdad**
   ¿Qué pasaje de las Escrituras contradice directamente ese pensamiento?

   Ejemplo: «Nunca me recuperaré de esto». Verdad: «Él restaura mi alma». — Salmo 23:3

3. **Decláralo hasta que domine**
   Di la verdad en voz alta. Todos los días. La verdad no te libera hasta que **se convierte en tu nueva normalidad**.
   Renovar tu mente significa **no solo creer en la verdad, sino también pensar en ella intencionalmente.**

SECCIÓN 4. Cómo discernir cuándo un pensamiento no proviene de Dios

No todos los pensamientos que parecen urgentes provienen del Reino. Aquí te explicamos cómo comprobarlo:
Pregúntate:
- ¿Está basado en el miedo o en la fe?
- ¿Está alineado con las Escrituras?
- ¿Acusa o afirma mi identidad en Cristo?
- ¿Me lleva a la paz o al temor?
- ¿Jesús me diría esto?

Si la respuesta a cualquiera de estas preguntas revela una contradicción, **no le des vueltas al asunto; deséchalo de inmediato.**

La voz de Dios corrige y convence, pero nunca condena. Los pensamientos de Dios te harán crecer, no te estrangularán. Las ideas de Dios traen claridad, no confusión.

Si el pensamiento no lleva la huella de Dios, no proviene de Él.

SECCIÓN 5. Practica el pensamiento alineado con el de Dios

Pensar como Dios no es solo una creencia, es una **práctica diaria**. Entrenas tu cerebro para alinearlo con la verdad de la misma manera que entrenas tu cuerpo para fortalecerlo: repetición, resistencia y descanso. Aquí hay cinco maneras prácticas de cultivar el pensamiento alineado con el de Dios:

1. **Diario de la verdad**
   Cada día, escribe un pensamiento que haya intentado dominar tu mente. Debajo, escribe una escritura que lo contradiga.
2. **Declara el avance**
   Busca tres versículos que reflejen los pensamientos de Dios sobre ti o tu situación. Recítalos en voz alta por la mañana y antes de acostarte.
3. **Piensa en alabanzas**
   Cuando sientas la tentación de darle vueltas a un pensamiento, detente y di:
   «Señor, te alabo por lo que estás haciendo, aunque todavía no lo vea».
   La alabanza redirige tus pensamientos de los problemas a las promesas.
4. **Mentores mentales**
   Rodéate de pensadores que eleven tu fe. Los podcasts, los libros, las conversaciones... todo influye en tu mente.
5. **Pregunta a diario: «¿Es esto lo que Dios piensa?».**
   Conviértelo en un hábito. Entrénate para hacer una pausa antes de asociarte con un pensamiento. El Espíritu Santo te revelará lo que necesitas reemplazar.

Los pensamientos de Dios están disponibles, pero solo para aquellos que están dispuestos a reemplazar los suyos.

SECCIÓN 6. Preguntas para reflexionar

1. ¿Qué pensamientos recurrentes tengo que contradicen la Palabra de Dios?
2. ¿Qué verdades de las Escrituras necesito declarar diariamente sobre mi vida?
3. ¿Cómo puedo reconocer la diferencia entre mis pensamientos y los de Dios?
4. ¿Qué puedo hacer esta semana para empezar a pensar más como Cristo?

SECCIÓN 7. Declaración de oración

Padre, gracias por invitarme a pensar como Tú. Me arrepiento de albergar pensamientos que no reflejan Tu verdad. Te entrego mi forma de pensar. Ayúdame a ver lo que Tú ves, a creer lo que Tú dices y a pensar como el Reino piensa. Declaro que tengo la mente de Cristo. Mis pensamientos son santos, claros y llenos de fe. En el nombre de Jesús, amén.

Capítulo 2.3
El conocimiento que edifica

Enfoque bíblico:
Oseas 4:6, Proverbios 24:3–5, Colosenses 1:9–10,
2 Pedro 1:5–8

Oseas 4:6 (RV) *6 Mi pueblo es destruido por falta de conocimiento; porque tú has desechado el conocimiento, yo también te desecharé, para que no seas sacerdote para mí; ya que has olvidado la ley de tu Dios, yo también me olvidaré de tus hijos.*

Proverbios 24:3–5 (RV) *3 Por la sabiduría se edifica la casa, y por el entendimiento se afirma. 4 Y por el conocimiento se llenan las cámaras de todos los bienes preciosos y agradables. 5 El sabio es fuerte, y el hombre de conocimiento aumenta su fuerza.*

Colosenses 1:9–10 (RV) *9 Por esta causa también nosotros, desde el día en que lo oímos, no cesamos de orar por vosotros, y de pedir que seáis llenos del conocimiento de su voluntad en toda sabiduría e inteligencia espiritual; 10 para que andéis como es digno del Señor, agradándole en todo, llevando fruto en toda buena obra y creciendo en el conocimiento de Dios.*

2 Pedro 1:5–8 (RV) *5 Y además de esto, poned toda diligencia en añadir a vuestra fe virtud; y a la virtud, conocimiento; 6 y al conocimiento, templanza; y a la templanza, paciencia; y a la paciencia, piedad; 7 y a la piedad, amor fraternal; y al amor fraternal, caridad. 8 Porque si estas cosas están en ustedes y abundan, las harán aptas para que no sean estériles ni infructuosos en el conocimiento de nuestro Señor Jesucristo.*

INTRODUCCIÓN. No todo el conocimiento es creado igual

Vivimos en una época repleta de información, pero estamos hambrientos de transformación.

Podcasts, artículos, sermones, libros, videos, están por todas partes. Pero **no todo conocimiento edifica.** Hay conocimiento que distrae. O enorgullece. Otro incluso engaña.

> *«Mi pueblo perece por falta de conocimiento...»* — Oseas 4:6

Dios no está advirtiendo sobre la ignorancia académica, sino que se refiere a **la negligencia espiritual.** Cuando dejamos de buscar el conocimiento divino, nuestra mayordomía se resiente. Cuando carecemos de mayordomía, hacemos mal uso del tiempo, gestionamos mal a las personas y perdemos de vista nuestro propósito.

Pero hay un tipo de conocimiento que:
- Fortalece el carácter
- Fortalece la fe
- Construye negocios
- Construye familias
- Construye el legado del Reino desde la perspectiva del Reino

Este capítulo trata sobre ese tipo de conocimiento. Un conocimiento que da frutos, se alinea con la verdad y empodera la acción sabia.

Porque lo que **sabes** determina lo que puedes **construir**.

SECCIÓN 1. Oseas 4: destruido por lo que no sabes

> *«Mi pueblo perece por falta de conocimiento...»* — Oseas 4:6

El conocimiento no se trata solo de conocer hechos, sino de conocer a Dios.

La destrucción de Israel no se debió a la falta de recursos, sino a abandono **de la revelación.**

Cuando dejas de nutrir tu mente con la verdad, la destrucción comienza a filtrarse por defecto. La verdad sirve como escudo contra la destrucción, lo que subraya la importancia vital de conocer la Palabra de Dios en nuestras vidas.

La ignorancia no es un estado de inocencia, sino de vulnerabilidad. Nos recuerda el papel que desempeña el conocimiento a la hora de protegernos del daño y guiarnos en el camino de la vida.

Muchos creyentes fracasan en sus finanzas, relaciones, liderazgo o ministerio, no por rebeldía, sino por **falta de conocimiento.**

No avanzas según tus buenas intenciones, **sino de acuerdo con tu formación.**

Y si no estás creciendo en el conocimiento divino, estás atrapado en ciclos de confusión y retraso.
- Repetirás lo que no entiendes.
- Tolerarás lo que no disciernes.
- Perderás oportunidades para las que no estás capacitado.

Por eso el crecimiento en el conocimiento comienza con **la humildad**: «Señor, enséñame lo que no sé».

SECCIÓN 2. Proverbios 24: El conocimiento llena la casa

«Con sabiduría se construye una casa, y con inteligencia se establece; con conocimiento se llenan sus habitaciones de tesoros raros y hermosos». — Proverbios 24:3–4

Observa la secuencia divina:
- La sabiduría **construye**
- El entendimiento **fortalece**
- El conocimiento **llena**

Puedes construir una estructura, pero sin conocimiento, permanece vacía. En tu vida, el conocimiento llena las habitaciones con:
- Administración financiera
- Habilidades de comunicación
- Inteligencia emocional
- Conocimiento bíblico
- Disciplina empresarial
- Sabiduría en la crianza de los hijos
- Discernimiento relacional

Cuanto más sabes, más puede fluir Dios. No para que puedas presumir, sino para que puedas construir.

El beneficio del conocimiento es la razón por la que los administradores son aprendices constantes. No puedes llevar a cabo la tarea de mañana con el entendimiento de ayer.

SECCIÓN 3. Colosenses 1: El conocimiento que lleva al fruto

> «... *para que sean llenos del conocimiento de su voluntad en toda sabiduría e inteligencia espiritual; para que anden como es digno del Señor... llevando fruto en toda buena obra...*» — Colosenses 1:9–10

La oración de Pablo no se limitaba a buscar información. Era una búsqueda de entendimiento espiritual, un elemento clave para dar fruto.

El entendimiento es el tipo de conocimiento que:
- Aclara la dirección
- Fortalece la convicción
- Alinea las decisiones diarias con los resultados eternos
- Produce frutos reales y medibles

Observa la progresión:
- Llénate de conocimiento
- Obten sabiduría y entendimiento espiritual
- Camina de una manera que agrade a Dios
- Produce frutos en cada buena obra

El verdadero objetivo del conocimiento no es simplemente acumular más datos, sino utilizar ese conocimiento para tomar mejores decisiones y emprender acciones más eficaces. **En otras palabras, el objetivo no es solo saber más, sino hacer mejor las cosas.**

La persona más educada de la sala no es la que más habla. Es la que da más fruto en obediencia.

SECCIÓN 4. 2 Pedro 1: Añade a tu fe el conocimiento

> «...*esfuérzate por añadir a tu fe la bondad; y a la bondad, el conocimiento...*» — 2 Pedro 1:5

La fe es tu fundamento, pero el conocimiento es parte de tu estructura.

Debes añadir bondad y conocimiento a tu fe.

Demasiados creyentes se detienen en la salvación. Creen en Jesús, pero nunca crecen en su comprensión y práctica de Sus enseñanzas. Son sinceros, pero no han crecido.

Pedro dice: «Esfuérzate». En otras palabras, **el conocimiento no vendrá de forma pasiva.**

Debes:
- Leer
- Estudiar
- Preguntar
- Observar
- Practicar
- Aprender de las correcciones
- Aprender de los demás

La madurez espiritual requiere **disciplina mental**. No puedes delegar tu crecimiento. Debes convertirte en un estudiante de la Palabra, de tu asignación (tu rol o propósito único en el plan de Dios) y de la sabiduría.

Un espíritu dispuesto a aprender es un espíritu fructífero.

SECCIÓN 5. Disciplinas prácticas para adquirir conocimientos

Los administradores fieles nunca dejan de aprender. Aquí hay cinco maneras prácticas de crecer en el conocimiento que edifica:

1. **Consumo diario de sabiduría**
   Sumérgete en el poder transformador de las Escrituras. Empieza el día leyendo al menos un capítulo de Proverbios o Salmos. Estos libros no son solo palabras en una página, sino herramientas que entrenan el corazón y agudizan la mente.

2. **Estudio bíblico temático**
   Elige un área de la vida en la que necesitas crecer (liderazgo, dinero, relaciones, propósito). Busca en las Escrituras y desarrolla tu comprensión sobre ese tema.

3. **Acumulación de habilidades**
   Identifica dos o tres habilidades que apoyen tu vocación. Toma cursos en línea, lee libros o busca mentores para crecer más rápido y con más sabiduría.
4. **Momentos con mentores**
   Haz preguntas con frecuencia. Busca personas que estén haciendo lo que tú deseas hacer y toma notas. Lo que a ellos les llevó diez años, a ti te puede llevar diez meses si aprendes de ellos.
5. **Enseña lo que aprendes**
   Enseñar consolida el aprendizaje. Comparte lo que Dios te está enseñando en un grupo pequeño, en un video o en un diario. Cuando puedes enseñarlo, lo dominas.

SECCIÓN 6. Preguntas para reflexionar

1. ¿Qué áreas de mi vida están sufriendo debido a la falta de conocimiento?
2. ¿En qué aspectos estoy adquiriendo información, pero no estoy dando frutos?
3. ¿Qué conocimientos necesito adquirir en esta temporada para edificar con sabiduría?
4. ¿Quiénes son los tres mentores o recursos a los que puedo acudir para crecer?

SECCIÓN 7. Declaración de oración

Padre, gracias por la verdad que edifica. Te pido que me des hambre de crecer en el conocimiento de tu voluntad. Ayúdame a administrar lo que sé y a buscar lo que me falta. Declaro que no soy perezoso, sino que estoy dispuesto a aprender. No estoy estancado, sino que estoy creciendo. Mi mente es aguda, mi espíritu está dispuesto y mi vida es fructífera. En el nombre de Jesús, amén.

TERCERA CLAVE

CONFESIÓN

(Lo Que Declares)

Capítulo 3.1

El poder de las palabras

Enfoque bíblico:
Proverbios 18:21, Santiago 3:3–6, Mateo 12:36–37

Proverbios 18:2 (RV) *21 La muerte y la vida están en el poder de la lengua, y los que la aman comerán su fruto.*

Santiago 3:3–6 (RV) *3 He aquí, ponemos freno en la boca de los caballos para que nos obedezcan, y dirigimos todo su cuerpo. 4 Considerad también los barcos: aunque son tan grandes y son impulsados por vientos fuertes, se dirigen con un timón muy pequeño, dondequiera que el timonel quiera. 5 Así también la lengua es un miembro pequeño, pero se jacta de grandes cosas. ¡Mirad cuán grande cosa enciende un pequeño fuego! 6 Y la lengua es un fuego, un mundo de iniquidad; así es la lengua entre nuestros miembros, que contamina todo el cuerpo y enciende el curso de la naturaleza; y es encendida por el infierno.*

Mateo 12:36–37 (RV) *36 Pero yo os digo que de toda palabra ociosa que hablen los hombres, darán cuenta en el día del juicio. 37 Porque por tus palabras serás justificado, y por tus palabras serás condenado.*

INTRODUCCIÓN. Las palabras crean mundos

Tus palabras no son solo sonidos, son semillas. Tienen poder, autoridad y la capacidad de moldear entornos, relaciones, destinos e incluso naciones.

> «*La muerte y la vida están en el poder de la lengua...*» — Proverbios 18:21

Eso no es poesía. Es una ley espiritual. Dios creó el universo con palabras y, como portadores de su imagen, nosotros también lo hacemos.
- Las palabras enmarcan lo que creemos.
- Las palabras revelan lo que se esconde en nuestros corazones.
- Las palabras desbloquean o retrasan el propósito.
- Las palabras establecen una atmósfera espiritual en nuestros hogares, iglesias y negocios.

En el Reino, lo que dices puede:
- Sanar o herir
- Abrir o cerrar puertas
- Bendecir o maldecir
- Hacer avanzar o sabotear tu mayordomía

Tu confesión es una forma de construcción. O bien construyes con ladrillos de verdad o con bloques de miedo, sarcasmo y duda.

Este capítulo te ayudará a:
- Comprender la autoridad de tu voz
- Proteger tu boca con discernimiento
- Comenzar a declarar vida alineada con el Reino

Porque lo que dices constantemente es lo que eventualmente verás.

SECCIÓN 1. **Proverbios 18: La lengua tiene poder**

«La muerte y la vida están en el poder de la lengua, y los que la aman comerán su fruto». — Proverbios 18:21

La lengua no es neutral, es un arma. Tienes el poder de hablar vida o muerte en una situación. Y las Escrituras dicen **que comerás el fruto de lo que siembres.** Esto significa que tienes la responsabilidad y el poder de moldear tu realidad con tus palabras. Eso significa que:
- Si hablas con miedo, vivirás con ansiedad.
- Si hablas con amargura, vivirás ofendido.
- Si hablas con duda, te alejarás de las oportunidades.
- Si hablas con fe, atraerás el favor.
- Habla de paz y establecerás el orden.
- Habla con fe y bendiciones, y cambiarás generaciones.

Tu boca es un multiplicador. Toma lo que hay dentro de ti y lo libera en la atmósfera que te rodea. Tus palabras tienen el potencial de transformar el entorno, para bien o para mal. Este es el peso de tu discurso.

La mayordomía de la lengua es esencial para el liderazgo del Reino. Si Dios te ha confiado personas, plataformas o un propósito, entonces lo que dices no es casual, causa un impacto.

Entonces, ¿qué es lo que dices constantemente sobre:
- ¿Tu familia?
- ¿Tus finanzas?
- ¿Tu futuro?
- ¿Tu negocio o ministerio?

Si no suena como algo que diría el Reino, no debería salir de tu boca.

SECCIÓN 2. Santiago 3: Domar lo que dirige el rumbo.

«La lengua es una pequeña parte del cuerpo, pero se jacta de grandes cosas. Considera cómo un pequeño fuego enciende un gran bosque...»
— Santiago 3:5

Santiago compara la lengua con tres cosas:
- El freno en la boca del caballo
- Un timón en un barco
- Una chispa que inicia un incendio forestal

Cada ejemplo ilustra que **algo pequeño puede tener un impacto significativo en algo grande.**
- Un pequeño freno dirige a un caballo de 680 kilos.
- Un timón diminuto dirige un barco enorme.
- Una sola chispa puede destruir bosques enteros.

Y lo mismo ocurre con tu vida.

Tu lengua marca el rumbo y tú llevas las riendas. Puedes orar, planear y perseguir tus objetivos, pero si tus palabras no están alineadas, tu dirección seguirá a tu declaración.

Muchas personas, sin saberlo, están moldeando su presente y su futuro con su diálogo interno, a menudo salpicado de sarcasmo pasivo y pesimismo casual. Puede que no se den cuenta, pero están autorizando resultados que nunca desearon.

«*Nunca saldré de esto*». «*Siempre lo estropeo todo*». «*Las cosas nunca me salen bien*». No son solo frases, son **permisos proféticos, pronunciados a elección**. Estás dirigiendo tu barco directamente hacia las tormentas que debes evitar, pero tienes el poder de cambiar eso.

SECCIÓN 3. Las palabras según Jesús- Responsables y llenas de autoridad

«Pero yo les digo que todos tendrán que dar cuenta en el día del juicio por cada palabra vana que hayan pronunciado. Porque por tus palabras serás absuelto, y por tus palabras serás condenado». — Mateo 12:36-37

Jesús no dijo que serías juzgado solo por tus acciones. Dijo que **tus palabras** tienen peso en el tribunal del cielo.
Las palabras en el espíritu no se las lleva el viento; son evidencia. Recibos. Demuestran lo que crees, lo que valoras y lo que temes.

Este versículo no trata solo del miedo al juicio; trata de **la mayordomía de la influencia**. Cuando hablas la Palabra de Dios, **las cosas se mueven:**

- Los ángeles responden (Salmo 103:20).
- Los demonios se retiran (Lucas 10:19).
- La fe se fortalece (Romanos 10:17).
- Las atmósferas cambian (Hechos 16:25-26).

Declara conforme con el Reino y **desatarás la obra divina**. Pero cuando te quejas, maldices o calumnias, le das poder al enemigo. Es una responsabilidad y un poder que todos debemos tener en cuenta. **Cada palabra crea o contamina**. Es una reflexión que da que pensar, pero es la verdad.

Por eso, Jesús aconseja: «Ten cuidado con lo que dices». ¿Por qué? Porque tus palabras son claves. Pueden abrir o cerrar la puerta a lo que Dios quiere hacer a través de ti.

SECCIÓN 4. El eco del corazón

«De la abundancia del corazón habla la boca». — Mateo 12:34

Tu boca es un espejo. Muestra lo que rebosa en tu corazón. Si quieres saber lo que ocurre dentro de ti:
- Escucha tu lenguaje bajo presión
- Observa lo que dices cuando estás cansado
- Presta atención a cómo hablas de ti mismo, de tu familia y de tu futuro

Lo que confiesas revela lo que meditas. No puedes fingir por mucho tiempo. Eventualmente, **tu boca hará eco de tu forma de pensar.**

El poder en tu confesión es **la razón por la que administrar las palabras** (es decir tomar responsabilidad de las palabras que utilizas) **requiere mayordomía del corazón.** No solo corriges tu boca, sino que corriges tu motivación. Sanas tu corazón. Renuevas tu mente.

Con esta comprensión, tus palabras comenzarán a cambiar de forma natural.

SECCIÓN 5. Cómo empezar a hablar como un buen administrador

Las palabras no son solo herramientas; son instrumentos poderosos que pueden moldear tu realidad. Cuanto más hábil seas con ellas, más autoridad del Reino tendrás. Aquí hay cinco maneras de hablar como un buen mayordomo:

1. **Declara la Palabra, no solo tus sentimientos**
   Basa tus confesiones en las Escrituras. Los sentimientos fluctúan; la verdad permanece firme. Ejemplo: En lugar de «Tengo miedo», di: «Dios no me ha dado un espíritu de temor...» (2 Timoteo 1:7).

2. **Declara vida en los lugares muertos**
   Aunque no veas frutos, profetiza la promesa. Dios le dijo a Ezequiel que hablara a los huesos secos. ¿Por qué? Porque la fe habla antes de ver.

3. **Crea el hábito de confesar**
   Cada mañana o cada noche, declara entre tres y cinco afirmaciones o confesiones basadas en las promesas de Dios sobre tu vida, tu familia, tu propósito y tu provisión.

4. **Cancela los acuerdos negativos**
   Si te sorprendes diciendo algo tóxico, di en voz alta: «Lo cancelo en el nombre de Jesús. Alineo mis palabras con el Reino».
5. **Bendice, no maldigas**
   Eso te incluye a ti mismo, a tus líderes, a tu cónyuge, a tus hijos e incluso a tus enemigos. ¿Por qué? Porque bendecir desata libertad, y la mayordomía comienza con el honor.

SECCIÓN 6. Preguntas para la reflexión

1. ¿Qué digo constantemente sobre mi vida, mi familia o mi vocación?
2. ¿Mis palabras se alinean más con el miedo o con la fe?
3. ¿A quién o a qué he maldecido sin saberlo usando palabras descuidadas?
4. ¿Cuáles tres confesiones debería empezar a declarar a diario?

SECCIÓN 7. Declaración de oración

Padre, me arrepiento de cada palabra que he dicho que no reflejaba Tu verdad. Te entrego mi lengua. Enséñame a comunicarme con fe, claridad y bendición. Ayúdame a alinear mis palabras con Tu voluntad. Declaro que mi boca es una fuente de vida. Solo digo lo que edifica, sana y promueve Tu Reino. En el nombre de Jesús, amén.

Capítulo 3.2
Las confesiones crean cultura

Enfoque bíblico:
Génesis 1:3, Proverbios 15:4, Salmo 19:14, Tito 2:7–8

Génesis 1:3 (RV) *3 Y dijo Dios: Sea la luz; y fue la luz.*

Proverbios 15:4 (RV) *4 La lengua sana es árbol de vida, pero la perversidad en ella es ruptura en el espíritu.*

Salmos 19:14 (RV) *14 Sean gratos los dichos de mi boca y la meditación de mi corazón delante de ti, oh Señor, roca mía y redentor mío.*

Tito 2:7–8 (RV) *7 Mostrándote en todo como ejemplo de buenas obras; en doctrina, mostrando integridad, seriedad, sinceridad, 8 sana palabra, que no pueda ser condenada; para que el que es contrario se avergüence, no teniendo nada malo que decir de vosotros.*

INTRODUCCIÓN. Las atmósferas se declaran antes de construirse

Los lemas y declaraciones de visión expresan propósito, pero son las palabras diarias las que edifican y transforman la cultura. Porque toda cultura nace y se renueva con cada palabra, cada instante y cada conversación.

«*Y dijo Dios: "Sea la luz", y fue la luz*». — Génesis 1:3

Dios no hizo la creación con sus manos; la creó con **su boca**. Él habló, y **la atmosfera obedeció**.

Como portadores de su imagen, tenemos la responsabilidad de moldear la atmósfera que nos rodea con nuestras palabras. Nuestras palabras tienen el poder de construir o destruir, de crear o deshacer lo creado. Depende de nosotros usar este poder con sabiduría.

En nuestro:
- Hogar
- Matrimonio
- Ministerio
- Negocio
- Equipo
- Iglesia

Las palabras que usamos juegan un rol significativo en crear el ambiente que experimentamos.

Si las personas se sienten en paz, experimentan claridad y reciben ánimo en tu presencia, es porque tus palabras siembran constantemente esas semillas. Si las personas sienten tensión, miedo o incertidumbre, es probable que tus palabras estén contribuyendo a ello.

Este capítulo te ayudará a:
- Comprender cómo la confesión crea una atmósfera emocional y espiritual.
- Identificar los patrones culturales creados por un lenguaje descuidado
- Crear intencionadamente entornos que reflejen los valores del Reino

Porque cada administrador es también un **portador de cultura,** y la cultura se transmite a través de las palabras.

SECCIÓN 1. Lo que dices establece el ambiente.

En cada habitación en la que entras, cada llamada que realizas, cada hogar en el que vives, estableces la atmosfera con tus palabras.

«La lengua amable es un árbol de vida, pero la perversidad en ella quebranta el espíritu». — Proverbios 15:4

Recuerda que tu tono no comienza con el volumen, sino con **la intención**. Tienes el poder de establecer el ambiente en cada interacción.
- ¿Hablas para edificar o para destruir?
- ¿Hablas para inspirar o para impresionar?
- ¿Tus palabras sanan o hieren?

Ya sea que estés dirigiendo una iglesia o criando a un hijo, tu voz se convierte en una banda sonora. Las personas comienzan a escuchar tu lenguaje **incluso cuando no estás presente.**

Lo que confiesas constantemente establece la expectativa cultural.

Ejemplo:
- Si siempre dices: *«Superamos juntos las temporadas difíciles»*, tu equipo aprende a ser resiliente.
- Si dices: *«No hablamos mal de las personas que no están presentes»*, fomentas el respeto.
- Si dices: *«Esperamos la excelencia, pero damos gracia»*, formas una cultura de crecimiento y seguridad.

Recuerda que lo que repites se convierte en lo que la gente recuerda y, finalmente, reproduce. Tus palabras y acciones tienen peso.

SECCIÓN 2. Cómo los entornos son afectados por las confesiones

Las palabras no solo describen tu realidad, son las arquitectas que le dan forma. En otras palabras, **las palabras no solo describen la cultura, lo determinan.**

«Sean gratos los dichos de mi boca y la meditación de mi corazón delante de ti...» — Salmo 19:14

¿Por qué David ofreció esta oración? Porque reconoció el poder espiritual de las palabras como constructoras de nuestra realidad.

En tu hogar:
- Habla de paz, y la paz aumentará.
- Habla del caos y la confusión se multiplicará.

En tu equipo:
- Habla de visión y la energía crecerá.
- Habla de negatividad y el progreso se ralentiza.

En tu iglesia:
- Habla de honor y la unidad se fortalece.
- Habla con críticas y la división se infiltrará.

Jesús conocía el poder de las palabras y era intencional con su lenguaje:
- **Llamó a Simón «Pedro»** antes de que actuara como una roca.
- **Llamó a la hija de Jairo «no muerta»** antes de que volviera a respirar.
- **Habló a la tormenta** antes de que cesara.
- **Habló al árbol** antes de que se secara.
- **Bendijo el pan** antes de que se multiplicara.

La cultura sigue a la confesión. Lo que dices constantemente comienza a crecer.

SECCIÓN 3. El lenguaje del honor y la esperanza

Si quieres cambiar la cultura, cambia tu **lenguaje. El honor y la esperanza** son dos de las fuerzas culturales más potentes que puedes liberar con tu boca.

> *«En tu enseñanza, muestra integridad, seriedad y solidez en el habla, que no puedan ser condenadas...»* — Tito 2:7–8

El honor habla del valor

Honrar a alguien es reconocer la mano de Dios en esa persona, incluso cuando es imperfecta. El honor dice: *«Veo a quién Dios hizo de ti, y te trataré así mismo»*.

Cuando hablas con honor:
- La corrección llega con gracia, no con vergüenza.
- Los miembros del equipo se sienten seguros para crecer
- La autoridad es aceptada, no rechazada

En las familias, honrar consiste en reconocer la identidad de tus hijos, *no solo corrigiendo su comportamiento, sino afirmando su destino.*

En las iglesias, el honor se demuestra afirmando a los líderes públicamente, corrigiéndolos en privado y absteniéndose de hacer bromas a costa del valor de alguien.

Honrar no es halagar. La adulación es un elogio no sincero que se da para manipular u obtener favores. El honor, por otro lado, es el respeto genuino y el reconocimiento del valor de alguien. **Es un refuerzo espiritual** que edifica a las personas y fortalece las relaciones.

La esperanza habla del futuro

El lenguaje lleno de esperanza no es ingenuo, es **profético.** No niega los desafíos, más bien habla de lo que **Dios está haciendo a pesar de ellos.**

Cuando dices constantemente cosas como:
- «Dios aún no ha terminado con nosotros».
- «Hay más al otro lado de esto».
- «Ya lo hemos visto actuar antes y lo volveremos a ver».

Construyes una **cultura de resiliencia.** La esperanza mantiene a las personas en movimiento. La esperanza las mantiene unidas.

SECCIÓN 4. Confesiones que destruyen la cultura y que hay que evitar

Hay frases concretas que, con el tiempo, envenenan el ambiente. Aunque suenen casuales, enseñan a la gente a esperar lo negativo. Ten cuidado con:
- «Así soy yo» *(rechaza la responsabilidad).*
- «Ya lo hemos intentado antes, no funcionará» *(mata la innovación).*
- «A la gente ya no le importa» *(fomenta el cinismo).*
- «No están preparados para esto» *(siembra la división).*
- «Supongo que es lo que hay» *(silencia la fe).*

Recuerda que tienes el poder de cambiar la narrativa. Puede que pienses que solo estás desahogándote, pero quizá estés **invitando a la disfunción a quedarse.**

Confesar no se trata solo de teología, sino de establecer el ambiente. **Las frases equivocadas crean limitaciones. Las adecuadas abren ventanas.**

SECCIÓN 5. **Edificar una cultura del Reino con palabras**

Todos los edificadores de cultura en las Escrituras ejercieron el poder del discurso intencional. Moisés, con sus discursos, moldeó generaciones. Nehemías, a través de declaraciones audaces, inspiró a un equipo de reconstrucción. Jesús, más allá de la mera predicación, utilizó sus palabras para **formar** la cultura del Reino.

Tú también tienes el poder de seguir sus pasos.

Aquí hay cinco maneras para edificar una cultura del Reino a través de la declaración:

1. **Establece valores verbales**
   Elige entre tres y cinco frases que encarnen la esencia de tu hogar, negocio o ministerio. No son solo palabras, son los pilares de tu cultura. Repítelas a menudo para reforzar su importancia.
   Aquí hay algunos ejemplos:
   - «Hacemos la excelencia con humildad».
   - «Hablamos de lo que queremos ver».
   - «Corregimos con gracia y verdad».

2. **Prohíbe las conversaciones tóxicas**
   Pon límites al chisme, el sarcasmo y el cinismo. La cultura muere cuando se permite la toxicidad.

3. **Habla de la identidad por encima de las personas**
   Dile a tu cónyuge, a tus hijos, a los miembros de tu equipo: «Estás ungido. Eres sabio. Eres un edificador. La mano de Dios está sobre ti». **Dilo antes de que lo crean. Dilo hasta que lo vean.**

4. **Profetiza el progreso**
   Incluso cuando aún no lo hayas logrado, di: *«Estamos creciendo. Estamos sanando. Estamos ganando terreno».*

5. **Haz eco del cielo**
   Pregunta: *«¿Qué dice Dios sobre este espacio?»*. Luego, alinea tu discurso debidamente. Deja que cada entorno refleje la claridad del Reino.

Cuando tu declaración se alinea con el Reino, la cultura que te rodea comienza a cambiar en la tierra.

SECCIÓN 6. **Preguntas para reflexionar**

1. ¿Qué atmósfera crean mis palabras en casa, en el trabajo o en la iglesia?
2. ¿Qué frases repetidas han dañado involuntariamente el ambiente que me rodea?
3. ¿Qué valores necesito expresar con más frecuencia?
4. ¿Cómo puedo empezar a usar palabras que reflejen honor y esperanza?

SECCIÓN 7. **Declaración de oración**

Padre, gracias por confiarme tu influencia. Entrego mi palabra a ti. Enséñame a usar mis palabras para construir una cultura que te honre. Llena mi boca de sabiduría, bondad, claridad y verdad. Que cada entorno en el que entre cambie hacia el Reino gracias a lo que digo. Declaro que soy un portador de cultura, llamado, equipado y encargado de declarar vida. En el nombre de Jesús, amén.

Capítulo 3.3
Declarando lo que Dios dijo

Enfoque bíblico:
Ezequiel 37:1–10, Isaías 55:11, Hebreos 10:23,
Marcos 11:23

Ezequiel 37:1–10 (RV) *1 La mano del Señor vino sobre mí, y en el Espíritu del Señor me llevó y me puso en medio del valle, que estaba lleno de huesos. 2 Me hizo pasar junto a ellos por todas partes, y he aquí que eran muy muchos en el valle abierto, y estaban muy secos. 3 Y me dijo: Hijo de hombre, ¿podrán revivir estos huesos? Y yo respondí: Señor Dios, tú lo sabes. 4 Y me dijo: Profetiza sobre estos huesos y diles: Huesos secos, oíd la palabra del Señor. 5 Así dice el Señor Dios a estos huesos: He aquí, yo haré entrar en vosotros espíritu, y viviréis. 6 Pondré tendones sobre vosotros, haré crecer carne sobre vosotros, os cubriré de piel, pondré espíritu en vosotros, y viviréis; y sabréis que yo soy el Señor. 7 Profeticé, pues, como se me había mandado; y mientras profetizaba, hubo un ruido, y he aquí un estruendo, y los huesos se juntaron, hueso con hueso. 8 Y miré, y he aquí que los tendones y la carne crecieron sobre ellos, y la piel los cubrió por encima; pero no había aliento en ellos. 9 Entonces me dijo: Profetiza al viento, profetiza, hijo de hombre, y di al viento: Así dice el Señor DIOS: Ven de los cuatro vientos, oh aliento, y sopla sobre estos muertos, para que vivan. 10 Profeticé como me mandó, y entró en ellos el aliento, y vivieron, y se pusieron en pie, un ejército grandísimo.*

Isaías 55:11 (RV) *11 Así será mi palabra que sale de mi boca: no volverá a mí vacía, sino que cumplirá lo que yo quiero, y prosperará en aquello para lo que la envié.*

Hebreos 10:23 (RV) *23 Mantengamos firme, sin fluctuar, la profesión de nuestra fe; porque fiel es el que prometió.*

Marcos 11:23 (RV) *23 De cierto os digo que cualquiera que dijere a este monte: Quítate de ahí y échate en el mar, y no dudare en su corazón, sino creyere que será hecho lo que dice, lo que fuere que diga, le será hecho.*

INTRODUCCIÓN. Di lo que Dios ha dicho

El mejor uso que puedes dar a tu voz no es expresar opiniones, sino **hacer eco del Reino.**

«Que lo digan los redimidos del Señor...» — Salmo 107:2

Dios espera que su pueblo redimido **repita lo que Él ha revelado.**
En un mundo lleno de opiniones, discusiones y emociones, un administrador debe preguntarse:
- ¿Qué ha **dicho Dios** al respecto?
- ¿Estoy **diciendo lo que Él dijo**, o solo estoy reaccionando a lo que veo?

La confesión no consiste en inventar algo. Se trata de llegar a un acuerdo **con lo que ya existe en el Reino de Dios.**
- Él dice: «Estás sanado», lo que significa que Él ya te ha sanado.
- Él dice que eres cabeza y no cola.
- Él dice que eres más que vencedor.
- Él dice que Su Palabra no volverá vacía.

Cuando tu boca concuerda con Su Palabra, **los milagros comienzan a manifestarse.**
Este capítulo te ayudará a:
- Hablar con autoridad del Reino
- Alinear tus palabras con las Escrituras
- Ver cómo los lugares áridos cobran vida a través de la declaración profética

SECCIÓN 1. Ezequiel 37: Profetiza a los huesos secos

«Entonces me dijo: "Profetiza a estos huesos y diles…"» — Ezequiel 37:4

Dios colocó a Ezequiel en un valle lleno de huesos secos, sin vida, sin esperanza y esparcidos, y luego le dio una extraña orden: **hablar**.

Dios podría haber devuelto la vida a los huesos con un solo pensamiento. Pero decidió hacerlo a través de **la boca** de un hombre.

¿Por qué? Porque Dios creó al hombre a su imagen y semejanza, y luego le dio dominio sobre toda la Tierra (Génesis 1:26–28). Por lo tanto, cuando Dios quiere lograr algo en la Tierra, elige el método de la colaboración.

Pregunta: *«¿Podrán revivir estos huesos?»*. Y cuando Ezequiel se muestra indeciso, Dios dice: *«Profetiza sobre ellos»*.

Tu voz transmite el permiso de Dios. Tu declaración despierta el propósito latente. Lo que **dices con fe** puede resucitar lo que parece muerto.

Cuando Ezequiel obedeció, los huesos se unieron y formaron cuerpos; luego, después de ser llenos de aliento, se levantó un ejército.

Una declaración profética no es una ilusión, es decir lo que Dios ya ha querido. En tus propios «valles», Dios puede estar esperando a que dejes de narrar la sequedad y comiences **a declarar vida**.

SECCIÓN 2. Isaías 55: La palabra de Dios no volverá vacía

«Así es mi palabra que sale de mi boca: no volverá a mí vacía…» — Isaías 55:11

La Palabra de Dios es **semilla y espada**, y nunca falla. Pero aquí está la clave: debe ser **enviada**.

Cuando Dios habla, el cielo se mueve. Pero cuando **tú** hablas lo que Dios dice, **el cielo se une a la tierra.**

Eso significa:
- Cuando hablas de sanidad, Dios lo respalda.
- Cuando declaras provisión, se envían ángeles.
- Cuando proclamas la verdad, la oscuridad es rechazada.

La Palabra de Dios siempre funciona, pero debe ser **liberada**.

Cuando Su Palabra llena tu corazón y sale de tu boca, tu declaracion se convierte en un **conducto de poder**.

SECCIÓN 3. Marcos 11: Dile a la montaña

«De cierto os digo que si alguno dice a este monte: "Vete, tírate al mar", y no duda... le será hecho». — Marcos 11:23

Jesús no dijo: *«Piensa en la montaña»*. No dijo: *«Quéjate de la montaña»*. Dijo: *«Háblale»*.

Las montañas en las Escrituras representan obstáculos, fortalezas y dificultades imposibles. Y Jesús dice que no se mueven por el esfuerzo, sino por el poder de tu confesión llena de fe.

Tienes el poder de mover tus montañas. ¿A qué le estás hablando?
- ¿Estás repitiendo el problema o **desatando autoridad**?
- ¿Estás describiendo el problema o **declarando el resultado**?

La fe tiene voz, y el silencio no es neutral. Si no estás hablando la Palabra, estás dejando espacio para que el miedo y la duda hablen por ti.

No necesitas una gramática perfecta. No necesitas la voz de un predicador. Lo que necesitas es fe, que es una creencia segura en la verdad de las promesas de Dios y la voluntad de estar de acuerdo con esas promesas. Esto significa alinear tus pensamientos, palabras y acciones con lo que Dios ha dicho sobre tu situación.

Habla a tus finanzas. Habla a tu cuerpo. Habla a tus hijos. Habla a tu negocio. Habla a tu propósito.

Recuerda, las montañas aún se mueven, pero solo si tú **se lo ordenas**. Tus declaraciones llenas de fe tienen el poder de transformar tus circunstancias, así que habla con autoridad y cree en las promesas de Dios.

SECCIÓN 4. Cómo declarar la Palabra de Dios a diario

Declarar lo que Dios ha dicho no es complicado, es constante. A continuación te explico cómo convertirlo en parte de tu vida diaria:

1. **Crea una lista de declaraciones**
   Escribe entre 10 y 15 versículos bíblicos que hablen de tu identidad, propósito, provisión, paz y promesa. Decláralos cada mañana.

2. **Declara durante la guerra espiritual**
   Cuando estés bajo presión o confusión, **no solo pienses, habla.** La Palabra pronunciada se convierte en una espada.

3. **Usa las Escrituras en la oración**
   Ora con la Palabra. Inserta las promesas de Dios en tu intercesión:
   - «Padre, tú dijiste que yo soy cabeza y no cola...».
   - «Tu Palabra dice que satisfarás todas mis necesidades...».

4. **Enseña a tu familia a declarar**
   Deja que tu cónyuge, tus hijos o tu equipo escuchen la fe en tus labios. Da ejemplo de lo que significa **permanecer firme en la palabra en voz alta.**
   La confesión crea alineación. La alineación desata poder.

SECCIÓN 5. Cambia los resultados a través de la declaración

Hay momentos en los que la estrategia no cambiará tu situación, pero **Declarar la palabra sí lo hará.**

Algunos avances no requieren más trabajo, sino más **Palabra.**

Esto es lo que hace una declaración:
- **Alinea tu alma con la perspectiva de Dios.**
- **Edifica la fe en lo invisible.**
- **Activa la asignación angelical** (Salmo 103:20).
- **Silencia las mentiras del enemigo.**
- **Siembra semillas en tu futuro** que traerán una cosecha a su debido tiempo

No subestimes lo que sucede cuando abres la boca con convicción. Los huesos secos se convierten en ejércitos. Las montañas se sumergen en los océanos. La oscuridad se disipa. El retraso se rompe y el Reino se involucra. Puede que no lo veas de inmediato, pero cada vez que declaras la Palabra de Dios, estás construyendo persistentemente, ladrillo a ladrillo.

- Estás construyendo paz.
- Estás construyendo valor.
- Estás construyendo tu casa sobre la roca.

No te límites a **leer** la **Biblia, recítala.** Declara versículos que se refieran a tu situación, como «Todo lo puedo en Cristo que me fortalece» (Filipenses 4:13) o «El Señor es mi pastor, nada me faltará» (Salmo 23:1). Porque la Palabra de Dios en tu boca es tan poderosa como en la suya **cuando se pronuncia con fe,** con una creencia y confianza inquebrantables en su verdad y poder.

SECCIÓN 6. Preguntas para reflexionar

1. ¿Qué ha dicho Dios acerca de mi situación actual que yo no he estado declarando?
2. ¿En qué ocasiones he guardado silencio cuando debería haber hablado?
3. ¿Qué pasajes de las Escrituras necesito memorizar y declarar a diario?
4. ¿Qué «montañas» estoy tolerando en lugar de darles ordenes?

SECCIÓN 7. Declaración de oración

Padre, te doy gracias por tu Palabra. Me arrepiento de cada vez que he expresado dudas o he guardado silencio cuando debería haber dicho la verdad. Alineo mi confesión con tus promesas. Deja que tu Palabra se eleve en mí como fuego. Declaro vida sobre cada lugar seco. Hablo a cada montaña y le digo: «Muévete». Profetizo sobre mi propósito, mi familia y mi futuro. Declaro lo que Tú has dicho y espero ver lo que Tú has hablado. En el nombre de Jesús, amén.

CUARTA CLAVE

TRABAJO Y SABIDURÍA

(Lo que haces)

Capítulo 4.1

La sabiduría para poner en practica

Enfoque bíblico:
Proverbios 24:3–4, Santiago 1:5, Colosenses 3:23, Eclesiastés 10:10

Proverbios 24:3–4 (RV) *3 Por la sabiduría se edifica la casa, y por el entendimiento se afirma. 4 Y por el conocimiento se llenan las cámaras de todos los bienes preciosos y agradables.*

Santiago 1:5 (RV) *5 Si alguno de vosotros tiene falta de sabiduría, pídala a Dios, que da a todos abundantemente y sin reproche, y le será dada.*

Colosenses 3:23 (RV) *23 Y todo lo que hagáis, hacedlo de corazón, como para el Señor y no para los hombres.*

Eclesiastés 10:10 (RV) *10 Si el hierro está romo y no lo afila, tendrá que emplear más fuerza; pero la sabiduría es provechosa para dirigir.*

INTRODUCCIÓN. Cuando la visión se une a la sabiduría y al trabajo

Puedes tener la visión más increíble del mundo, pero si careces de la sabiduría para llevarla a cabo, nunca verás sus frutos.

La visión por sí sola no es suficiente. Dios espera que **hagas algo** con lo que te ha mostrado, y no cualquier cosa; espera **un trabajo sabio.** Hay una diferencia entre actividad y progreso. Entre estar ocupado y ser fructífero. La mayordomía del Reino requiere **ambas cosas: sabiduría para saber qué hacer y disciplina para hacerlo bien.**

«Con sabiduría se edifica una casa, y con inteligencia se establece; con conocimiento se llenan las habitaciones...» — Proverbios 24:3-4

Observe el patrón: la sabiduría edifica. El entendimiento establece. El conocimiento llena.

Dios no te entrega una casa terminada. Te da **los materiales en bruto y la inteligencia espiritual, la perspicacia y el entendimiento divinos, para que la construyas.**

Este capítulo trata sobre cómo convertirse en un edificador sabio que convierte la visión en acción y la revelación en resultados.

SECCIÓN 1. La sabiduría construye lo que el deseo por sí solo no puede

El deseo es poderoso. La pasión es energizante. Pero **la sabiduría construye.**

«Con sabiduría se construye una casa...» — Proverbios 24:3

Esta Escritura es cierta para los hogares, los negocios, los ministerios, los matrimonios y el crecimiento personal. La sabiduría es lo que convierte la visión en realidad. La pasión puede encender el movimiento, pero **solo la sabiduría lo sostiene.**

Muchas personas fracasan en la vida, no por falta de visión, sino por falta de una estrategia sabia. Aman a Dios. Oran fervientemente. Sin embargo, sus vidas son desorganizadas, sus finanzas son indisciplinadas y su liderazgo es reactivo en lugar de proactivo.

El deseo sin sabiduría es ineficaz y peligroso. Puede conducir a errores, esfuerzos inútiles e incluso daños.

- Puedes desear un matrimonio sólido, pero sin habilidades de comunicación, se derrumbará.
- Puedes querer un negocio exitoso, pero sin conocimientos financieros, te arruinarás.
- Puedes anhelar un avivamiento, pero sin orden y discipulado, solo crearás caos.

El peligro de tener solo deseo es la razón por la que Salomón pidió sabiduría, no riqueza, ni estatus, ni poder. Sabía que la sabiduría era la fuente que producía todo lo demás.

Cada visión que tienes requiere una estrategia correspondiente del Reino para hacerla realidad. Es la sabiduría la que proporciona la hoja de ruta, el «cómo» detrás del «qué»; es una herramienta práctica para alcanzar tus metas.

SECCIÓN 2. Santiago 1: Pide sabiduría a Dios

«Si alguno de ustedes carece de sabiduría, pídala a Dios, quien da generosamente a todos sin reprochar...» — Santiago 1:5

Dios nunca quiso que descubrieras la vida por ti mismo. Él espera que le pidas sabiduría, y promete **darla libremente** a quienes la piden con fe. Eso significa que:
- No necesitas fingir para cumplir con tu vocación.
- No necesitas copiar el método de otra persona.
- No necesitas adivinar cómo ser un buen administrador.

Cuando hablamos de «pedir», no se trata solo de decir las palabras. Se trata de abrir tu corazón y tu mente para recibir la guía de Dios. **Puedes pedir, y Dios te responderá.**

Pedir sabiduría debe ser parte de tu vida diaria:
- *«Señor, ¿cómo manejo esta reunión de hoy?».*
- *«Dios, ¿cuál es el tono adecuado para esta conversación?».*
- *«Padre, ¿cómo debo fijar el precio de este producto?».*
- *«Espíritu Santo, ¿qué sistema debo establecer en este ministerio?».*

La sabiduría es espiritual, pero se manifiesta de manera práctica. Cuando pides, **no solo** recibes **discernimiento, sino también instrucción.**

Las personas más sabias de las Escrituras no eran las que tenían más experiencia. Eran las que **seguían preguntando.**

SECCIÓN 3. El factor de la diligencia

«El alma del perezoso anhela y no obtiene nada, mientras que el alma del diligente es ricamente provista». — Proverbios 13:4

En el Reino, **la diligencia es la fe en acción.** Es el músculo de la mayordomía. No puedes orar para evitar el trabajo, ni ayunar para evitar la disciplina.

La diligencia significa:
- Cumplir con tu responsabilidad incluso cuando no te apetece.
- Hacer el trabajo cuando nadie lo ve.
- Administrar lo que tienes, mientras confías en Dios para lo que vendrá.

Muchos creyentes esperan una «aceleración divina» cuando lo que necesitan es una obediencia constante. **Dios bendice la fidelidad antes que el fruto.** El administrador diligente siempre durará más que el distraído.

«El perezoso no asará su caza, pero el diligente obtendrá una riqueza preciosa». — Proverbios 12:27

Algunas personas son cazadores hábiles; reciben palabras proféticas, ideas e incluso respuestas a sus oraciones, pero carecen de constancia. **Recuerda, no se trata solo de cazar la** presa, **sino de asarla. Se trata de convertir** lo que has visto en algo que **te** alimente **a ti** y a los demás.

La sabiduría funciona, y las personas sabias terminan lo que empiezan.

SECCIÓN 4. Eclesiastés 10: Afila el hacha

«Si el hacha está desafilada y no se afila el filo, hay que emplear más fuerza; pero la sabiduría trae éxito». — Eclesiastés 10:10

En lugar de golpear más fuerte, considera el poder de afilar de manera más inteligente.

Algunas personas se sienten agotadas, no porque el trabajo sea demasiado grande, sino porque sus herramientas están demasiado desafiladas. Están luchando por la vida con hábitos obsoletos, sistemas rotos y formas de pensar anticuadas. Imagina el alivio que supone trabajar de forma eficiente, afilar tus herramientas y aligerar tu carga.

La sabiduría te afila.
- Te revela el momento adecuado.
- Mejora tus herramientas.
- Multiplica tu esfuerzo con menos desgaste.

La mayordomía no siempre significa más esfuerzo. A veces, significa un mejor esfuerzo.

Pregúntate:
- ¿Qué aspectos de tu vida necesitas perfeccionar?
- ¿Qué sistema necesita revisar?
- ¿Qué patrón te hace perder tiempo o energía?

No glorifiques el trabajo duro cuando Dios te ha ofrecido su guía.

SECCIÓN 5. El trabajo como adoración

«Hagas lo que hagas, hazlo de todo corazón, como si fuera para el Señor...» — Colosenses 3:23

En el Reino, el trabajo no es solo un medio para alcanzar un fin, **sino que es un ministerio.**

Cuando trabajas con sabiduría e integridad, estás adorando. Tu trabajo se vuelve sagrado cuando:
- Entregas tu corazón
- Tus motivos son puros
- Tu excelencia refleja la gloria de Dios

Dios no solo unge a los predicadores. Él unge a los plomeros, programadores, baristas, constructores, educadores y empresarios. La diferencia no está en el rol, sino en la postura.

El trabajo se vuelve sagrado cuando fluye de la revelación. No solo estás realizando tareas, sino que estás ejecutando una visión.

Eso significa que la forma en que envías correos electrónicos, diriges reuniones, limpias tu casa y creas tu producto, todo ello importa. Cuando la sabiduría guia tu esfuerzo y tu trabajo se convierte en adoración, te vuelves imparable.

SECCIÓN 6. Herramientas prácticas para administrar el trabajo y la sabiduría

1. **Retiro semanal de sabiduría**
   Reserva 30 minutos cada semana para preguntarte: «Señor, ¿cuál es el uso más sabio que puedo dar a mi tiempo esta semana?». Anota la respuesta en tu diario.

2. **La «lista para afilar»**
   Haz una lista de las herramientas, hábitos y sistemas que te parecen aburridos o agotadores. Ora para saber cuáles debes mejorar, eliminar o reestructurar.
3. **Administración de habilidades**
   ¿Qué habilidad te ha dado Dios que necesitas perfeccionar? Lee un libro. Haz un curso. Practica. No entierres tu talento, multiplícalo.
4. **Auditoría del flujo de trabajo**
   Haz una lista de todo lo que estás haciendo. Luego pregúntate: «¿Es esto sabio o solo me mantiene ocupado?». La sabiduría no consiste en hacer más, sino en hacer lo que importa.

SECCIÓN 7. Preguntas para reflexionar

1. ¿Qué área de mi vida estoy tratando de desarrollar sin sabiduría?
2. ¿En qué aspectos he confundido actividad con eficacia?
3. ¿Qué área aburrida de mi vida necesita mejorar?
4. ¿Cómo puedo hacer que mi trabajo se parezca más a una adoración esta semana?

SECCIÓN 8. Declaración de oración

Padre, te doy gracias por la sabiduría. Renuncio a los esfuerzos insensatos y te pido tu entendimiento. Ayúdame a construir con sabiduría, a trabajar con diligencia y a adorarte a través de mi labor diaria. Que mis manos reflejen tu excelencia. Que tu palabra moldee mis decisiones. Declaro que la sabiduría me guía, la diligencia me fortalece y que daré mucho fruto. En el nombre de Jesús, amén.

Capítulo 4.2

Entendiendo los tiempos

Enfoque bíblico:
Eclesiastés 3:1, Gálatas 6:9, 1 Crónicas 12:32

Eclesiastés 3:1 (RV) *1 Para todo hay una estación, y un tiempo para cada propósito bajo el cielo.*

Gálatas 6:9 (RV) *9 Y no nos cansemos de hacer el bien, porque a su tiempo cosecharemos, si no desmayamos.*

1 Crónicas 12:32 (RV) *32 Y de los hijos de Isacar, que eran hombres que entendían los tiempos, para saber lo que Israel debía hacer, sus jefes eran doscientos, y todos sus hermanos estaban a su mando.*

INTRODUCCIÓN. Por qué son importantes las temporadas

Uno de los aspectos más ignorados de la mayordomía es **el momento oportuno**. Se puede hacer lo correcto en el momento equivocado y aún así no cumplir la voluntad de Dios. Por eso la sabiduría debe ir acompañada del discernimiento, porque **el fruto va por temporadas**.

«Todo tiene su momento, y cada cosa su tiempo bajo el cielo». — Eclesiastés 3:1

Dios no solo asigna una visión, sino que también ordena los tiempos. Cada una de ellas conlleva instrucciones únicas. Lo que funciona en una temporada puede no ser eficaz en la siguiente. Cuando comprendas la temporada en la que te encuentras, sabrás:
- Cuándo sembrar
- Cuándo cosechar
- Cuándo descansar

- Cuándo luchar
- Cuándo esperar
- Cuándo hablar

Discernir los tiempos te ayuda a decir no a cosas que parecen buenas para que puedas decir sí a las **cosas de Dios**.

Este capítulo te mostrará cómo reconocer tu temporada, responder con fe y seguir siendo fructífero, **independientemente del momento**.

SECCIÓN 1. Los hijos de Isacar: Discernir los tiempos

«... los hijos de Isacar, que tenían entendimiento de los tiempos, para saber lo que Israel debía hacer...» — 1 Crónicas 12:32

Los hijos de Isacar no eran famosos por su fuerza física o su destreza. Su verdadera distinción radicaba en su **discernimiento**. Tenían un profundo conocimiento de los tiempos y, gracias a ello, sabían qué hacer.

Lo que distingue a los líderes que simplemente sobreviven de los que **realmente administran bien** no es solo su comprensión de la verdad, sino su comprensión del **momento** oportuno.

En el liderazgo, los negocios y el ministerio, te enfrentarás a encrucijadas que requieren algo más que experiencia. Requieren perspicacia espiritual:

- *¿Es momento de expandirse o de reducirse?*
- *¿Debo seguir adelante o hacer una pausa?*
- *¿Es esta una temporada de cosecha o de poda?*

La sabiduría al nivel de Isacar es aquella que escucha antes de saltar. Percibe antes de actuar. Reconoce que **ignorar los tiempos puede conducir al agotamiento espiritual**.

Un administrador no solo debe preguntarse: *¿Qué ha dicho Dios?* Sino también: *¿Qué está diciendo Dios* ahora?

SECCIÓN 2. Eclesiastés: un tiempo para todo

«Hay un tiempo para plantar y un tiempo para arrancar...» — Eclesiastés 3:2

El capítulo 3 de Eclesiastés describe 28 parejas de temporadas: tiempos para reír, llorar, abrazar, abstenerse, ganar, perder, etc. Cada temporada tiene un propósito distinto, y eso es lo que mucha gente no entiende.

No hay nada malo con la temporada en la que te encuentras; lo que importa es lo que haces con ella.
- Si es tiempo de sembrar, no exijas una cosecha.
- Si es temporada de poda, no temas a los cortes.
- Si es una temporada de espera, no confundas el silencio con la ausencia.

No le gritarías a un árbol en invierno por no dar frutos, sabiendo que simplemente no es la temporada adecuada para ello. Entonces, ¿por qué le gritamos a nuestras vidas en las estaciones de invierno?

La mayordomía significa cooperar con el clima en el que Dios te ha puesto, porque cada temporada tiene una tarea divina.

SECCIÓN 3. El peligro de malinterpretar tu temporada

Una de las mayores amenazas para la productividad del Reino es **malinterpretar la temporada en la que te encuentras.**

Algunas señales de que has malinterpretado tu temporada:
- Te sientes frustrado por lo que Dios nunca prometió para el ahora
- Estás comparando tu ritmo con el de alguien que está en la temporada de cosecha, mientras que tú aún estás en la de preparación
- Estás trabajando en exceso cuando deberías estar descansando.
- Te estás retirando cuando deberías estar edificando

Moisés golpeó la roca con ira porque malinterpretó el momento. Saúl sacrificó sin Samuel porque malinterpretó la urgencia. Ambos fueron ungidos, pero ambos **perdieron su momento porque se desincronizaron de Dios.**

Malinterpretar las temporadas conduce a una mala gestión.

Cuando fuerzas la cosecha en la temporada de siembra, te sentirás decepcionado. Cuando intentas descansar en la temporada de guerra, te sentirás abrumado. No debes temer a la temporada; debes **discernirla**.

SECCIÓN 4. Gálatas 6: No te canses

«No nos cansemos de hacer el bien, porque a su debido tiempo cosecharemos si no nos rendimos». — Gálatas 6:9

Este versículo nos asegura que la **cosecha es por temporadas**, y que una recompensa tardía nunca debe confundirse con un no de parte de Dios. La cosecha es inevitable.

Pero hay una trampa: **el cansancio es real,** y el cansancio tienta a los administradores a renunciar demasiado pronto. Este cansancio puede manifestarse de diversas formas, desde el agotamiento físico hasta el agotamiento emocional. Reconoce las señales y persevera.

Cuando no ves resultados, cuando nada parece moverse, cuando las personas a las que ayudas parecen no importarles, es entonces cuando **el desánimo distorsiona la perspectiva.**

Empiezas a pensar:
- *«Quizás no entendí a Dios».*
- *«Quizás no soy bueno en esto».*
- *«Quizás debería intentar otra cosa».*

Pero Pablo dice: *sigue adelante.* La cosecha está garantizada **si** no te rindes. Ese «si» es donde reside la mayordomía.

Dios no hará el trabajo por ti. Pero te sostendrá durante la espera si permaneces fiel en el campo.

SECCIÓN 5. Cómo administrar una nueva temporada

Cuando Dios cambia tu temporada, no siempre todo se siente diferente. A veces, comienza con un susurro, una inquietud, un cambio de dirección, una gracia renovada para un nuevo ritmo.

Los administradores sabios no solo entran en una nueva temporada, sino que se preparan para ella.

Así es como se administra bien una temporada:

1. **Reconócela**

Pregunta al Espíritu Santo: *«¿En qué momento de mi vida me encuentro?».* A veces, la temporada no será evidente hasta que lo preguntes.

2. **Deja ir lo viejo**
   Las nuevas etapas requieren nuevas mentalidades. No puedes llevar los hábitos del invierno a una asignacion de primavera. Deja atrás lo que ya no te sirve para tu vocación.

3. **Vuelve a comprometerte con el proceso**
   Cada temporada trae consigo un proceso, que incluye crecimiento y cambio. No lo apresures. No lo resientas. Administra con confianza y diligencia.

4. **Reajusta tus acciones**
   Ajusta tu vida diaria para que coincida con tu temporada divina. Eso incluye el horario, los gastos, las prioridades y las relaciones. Este acto de reajuste te ayudará a sentirte más centrado y preparado a lo largo de tu viaje.

La administración sin conciencia de la temporada conduce a la frustración. Pero cuando honras lo que Dios está haciendo *ahora*, llevarás paz incluso cuando el camino no esté claro.

SECCIÓN 6. Herramientas para el discernimiento de las temporadas

1. **Retiro mensual de tiempo de silencio**
   Una vez al mes, dedique unas horas a preguntarse: «Señor, ¿en qué temporada me encuentro?». Anote en un diario sus impresiones y cualquier pasaje de las Escrituras que Él le destaque.

2. **Revisión de 90 días**
   Cada trimestre, evalúa: ¿Qué frutos se están viendo? ¿Dónde fluye la gracia? ¿Qué me está agotando que antes me daba energía?

3. **Círculo de consejo**
   Consulta con un mentor espiritual que comprenda tu camino espiritual. Pregúntale qué opina sobre tu momento actual. Dios a menudo confirma las temporadas a través de voces sabias.

4. **Registro de temporadas bíblicas**
   Mientras lees la Palabra, pregúntate: ¿En qué temporada se encontraba esta persona? (por ejemplo, David en la cueva, José en la cárcel, Pablo en misión). Aprende cómo la manejaron y aplícalo.

SECCIÓN 7. Preguntas para la reflexión

1. ¿En qué temporada me encuentro ahora mismo: sembrando, podando, esperando, cosechando, descansando, reconstruyendo?
2. ¿Estoy resistiéndome a la temporada o cooperando con ella?
3. ¿Qué necesito soltar para aceptar plenamente esta temporada?
4. ¿A quién necesito invitar para que me ayude a discernir el momento adecuado para dar mi próximo paso?

SECCIÓN 8. Declaración de oración

Padre, te doy gracias por las temporadas. Tú eres el Dios del ritmo, el tiempo y el propósito. Ayúdame a discernir el momento en el que me encuentro. Rechazo la frustración y abrazo la alineación. Declaro que no estoy atrasado, no llego tarde y no estoy olvidado. Cosecharé a su debido tiempo. No me cansaré. Confío en tu proceso. En el nombre de Jesús, amén.

Capítulo 4.3

Gracia para el esfuerzo

Enfoque bíblico:
Corintios 15:10, Mateo 11:28–30, 2.Corintios 12:9

Corintios 15:10 (RV) *10 Pero por la gracia de Dios soy lo que soy, y su gracia para conmigo no ha sido en vano; antes bien, he trabajado más que todos ellos; sin embargo, no yo, sino la gracia de Dios que estaba conmigo.*

Mateo 11:28–30 (RV) *28 Venid a mí todos los que estáis trabajados y cargados, y yo os haré descansar. 29 Llevad mi yugo sobre vosotros, y aprended de mí, que soy manso y humilde de corazón; y hallaréis descanso para vuestras almas. 30 Porque mi yugo es fácil, y mi carga ligera.*

Corintios 12:9 (RV) *9 Y me dijo: «Mi gracia te basta, porque mi poder se perfecciona en la debilidad». Por lo tanto, muy gustosamente me gloriaré más bien en mis debilidades, para que el poder de Cristo repose sobre mí.*

INTRODUCCIÓN. Cuando la determinación se une a la gracia

Hay una palabra que nuestra cultura celebra: **esforzarse.** Esfuérzate más. Duerme menos. Trabaja más. Construye tu sueño. Nunca te detengas.

Si bien el trabajo duro tiene mucho valor, también existe el peligro de convertir el ajetreo en **idolatría**. En el Reino, **la gracia impulsa la productividad,** no el pánico.

> «Pero por la gracia de Dios soy lo que soy, y su gracia para conmigo no ha sido en vano; he trabajado más que todos ellos, pero no yo, sino la gracia de Dios que estaba conmigo». — 1 Corintios 15:10

Pablo entendió lo que muchos de nosotros olvidamos: no fue solo su esfuerzo, fue **la gracia en su trabajo.** Este tipo de gracia significa que, incluso cuando trabajamos duro, lo hacemos con la sensación del favor y la ayuda de Dios, lo que puede aliviar el estrés y la presión que a menudo se asocian con el trabajo duro.

Dios no te llama al agotamiento, sino a **una mayordomía impulsada por la gracia,** lo que significa administrar tu tiempo, energía y recursos de una manera sostenible y que honre a Dios. Por ejemplo, podría significar establecer límites en tu trabajo, tomar descansos regulares y dar prioridad al cuidado personal.

Este capítulo te ayudará a:
- Trabajar sin agotarte
- Mantenerte diligente sin agotarte
- Caminar en un ritmo de descanso, excelencia y alegría Porque **la gracia no elimina el esfuerzo, lo transforma.**

SECCIÓN 1. Pablo: trabajando duro por la gracia

«... Trabajé más que todos ellos, pero no yo, sino la gracia de Dios que estaba conmigo». — 1 Corintios 15:10

Pablo no era ajeno al trabajo. Fundó iglesias, escribió cartas, formó líderes y soportó palizas, encarcelamientos y naufragios. Era **productivo, pero no se dejaba llevar por el pánico.** Su fuerza no provenía de la cafeína ni de la energía de las multitudes, sino de **la gracia.**

No decía: «Yo lo hice todo». Decía: «La gracia de Dios lo hizo a través de mí». Hay un tipo único de trabajo en el Reino que puede parecer un esfuerzo, pero es rendición. Se trata de trabajar *junto a* Dios, no solo *para* Él.

Este cambio de perspectiva debería transformar la forma en que abordamos nuestras tareas.

El trabajo de Pablo se caracterizaba por:
- Concentración sin frenesí
- Movimiento sin agotamiento
- Pasión sin presión

Ese es el poder de la gracia: **multiplica tu esfuerzo sin agotar tu alma.**

Si tu esfuerzo te está amargando, agotando o destrozando, es que no está impulsado por la gracia. Quizá sea el momento de hacer una pausa y preguntarte: *«Dios, ¿tú asignaste esto?»*. Porque lo que Dios asigna, también **te da el poder para completarlo.**

SECCIÓN 2. Mateo 11: El yugo fácil

«Venid a mí todos los que estáis cansados y agobiados, y yo os daré descanso... Llevad mi yugo sobre vosotros y aprended de mí... Porque mi yugo es fácil y mi carga ligera». — Mateo 11:28–30

Jesús no prometió una vida libre de trabajo. Prometió un **tipo diferente de carga.** Un yugo es una herramienta de trabajo; conecta a dos bueyes para arar juntos.

Cuando Jesús nos invita a llevar su yugo, nos está diciendo:
«Dejen que yo haga el trabajo pesado. Aprendan cómo trabajo. Dejen que yo marque el ritmo».

Algunos de nosotros nos estamos cansando porque arrastramos un yugo **que Él nunca nos pidió que lleváramos.** Quizás dijimos que sí por culpa o seguimos adelante porque nos sentíamos necesarios. Quizás estamos haciendo todo *menos* lo que Él nos ha pedido.

La gracia se encuentra **dentro de Su tarea.** Fuera de ella, sentirás presión. Dentro de ella, sentirás poder. Este poder no es nuestro, sino que proviene de alinearnos con el propósito que Jesús tiene para nosotros.

El «esfuerzo» se llena de gracia cuando se une al ritmo de Jesús. Este ritmo aporta equilibrio y armonía a nuestras vidas, liberándonos de las cargas innecesarias que a menudo llevamos.

SECCIÓN 3. Cómo la gracia alimenta la verdadera productividad

La gracia no es la ausencia de trabajo. Es la **presencia de la fuerza empoderadora de Dios** en tu trabajo.

«Mi gracia te basta, porque mi poder se perfecciona en la debilidad...»
— 2 Corintios 12:9

Pablo no estaba celebrando el agotamiento, sino **la dependencia**. Reconoció que lo que lo hacía eficaz no era su currículum, sino la **capacidad divina**, como repentinos estallidos de inspiración, soluciones inesperadas a problemas o una sensación de paz en medio del caos, que lo acompañaban en su debilidad.

Así es como se ve la productividad impulsada por la gracia:
- Produces sin pánico
- Creas con claridad
- Lideras con alegría, no con resentimiento.
- Cumples con plazos sin sentirte derrotado
- Dices que *no* cuando es necesario porque confías en la provisión de Dios

La gracia te da fuerzas para dejar de intentar demostrar tu valor y **asociarte con Dios**.

Cuando la gracia está contigo:
- Cinco horas de trabajo producen lo que antes producían diez
- Una conversación logra lo que semanas de esfuerzo no pudieron
- Un «sí» de Dios supera a docenas de oportunidades humanas.

La gracia multiplica lo que le das al rendirte.

SECCIÓN 4. Señales de advertencia de esforzarse sin gracia

A veces, las señales de alerta son emocionales. A veces, son físicas. Pero cuando trabajas sin gracia, se nota.

Estas son algunas señales de que estás trabajando desde una fuente equivocada:
- **Agotamiento crónico:** estás constantemente cansado, incluso después de descansar.
- **Volatilidad emocional:** las cosas pequeñas provocan reacciones significativas. Estás irritable, sarcástico o adormecido.
- **Presión por el rendimiento:** sientes que no puedes parar, que no puedes fallar y que no puedes decir que no.
- **Descuido de los ritmos espirituales:** te saltas la oración, el tiempo de lectura de la Palabra o la adoración porque «estás demasiado ocupado».

- **Amargura hacia las personas a las que sirves:** amas la misión, pero en secreto resientes a aquellos a quienes sirves.

Recordatorio: la gracia nunca te lleva a lugares donde la intimidad con Dios se vuelve imposible.

SECCIÓN 5. Ritmos prácticos de la gracia

La gracia no te vuelve perezoso, te vuelve estratégico. Te lleva a *ritmos*, no a *rutinas*. Aquí hay cinco maneras de construir una estructura llena de gracia en tu vida:

1. **El Shabbat no negociable**
   Elige un día a la semana en el que no trabajes. Sin correos electrónicos. Sin reuniones. Sin «solo una cosa más». Deja que tu alma respire.

2. **Alineación matutina**
   Antes de abrir tu calendario, abre la Palabra. Pregunta: «Dios, ¿qué **me corresponde** llevar hoy?». Deja que Él establezca tus prioridades.

3. **Descansos**
   Programa momentos de respiro entre las tareas importantes. Dale permiso a tu cerebro para descansar, no solo a tu cuerpo.

4. **Filtros de tareas**
   Antes de decir que sí, pregúntate: «*¿Esto está dentro de mi zona de gracia o me mueve la culpa o el miedo?*». Nunca cambies la obediencia por la obligación.

5. **Diario de revisión de la gracia**
   Una vez a la semana, reflexiona:
   - ¿Qué me agotó?
   - ¿Qué me ha dado energía?
   - ¿Actué con esfuerzo o con la guía del Espíritu?

Administrar la gracia requiere intencionalidad, pero se recompensa con gozo, longevidad y claridad.

SECCIÓN 6. Preguntas para reflexionar

1. ¿En qué aspectos de mi vida estoy actuando con esfuerzo en lugar de con gracia?

2. ¿Qué señales de agotamiento o esfuerzo he estado ignorando?
3. ¿Qué ritmos necesito añadir o restaurar para caminar en la gracia?
4. ¿Qué tarea debo dejar para poder descansar?

SECCIÓN 7. Declaración de oración

Padre, gracias por tu gracia empoderadora. Dejo a un lado la carga de demostrar, esforzarme y rendir. Recibo tu ritmo. Enséñame a trabajar contigo, no solo para ti. Lléname de sabiduría, energía y descanso santo. Declaro que no esto siendo impulsado, sino guiado. No estoy trabajando duro, sino que estoy lleno de gracia. En el nombre de Jesús, amén.

Capítulo 4.4

La bendición del trabajo

Enfoque bíblico:
Génesis 2:15, Colosenses 3:23–24,
Proverbios 14:23, Eclesiastés 5:18–19

Génesis 2:15 (RV) *15 Y Jehová Dios tomó al hombre y lo puso en el huerto de Edén para que lo labrara y lo guardara.*

Colosenses 3:23–24 (RV) *23 Y todo lo que hagáis, hacedlo de corazón, como para el Señor y no para los hombres; 24 sabiendo que del Señor recibiréis la recompensa de la herencia, porque servís al Señor Cristo.*

Proverbios 14:23 (RV) *23 En todo trabajo hay ganancia, pero las palabras de labios solo conducen a la pobreza.*

Eclesiastés 5:18–19 (RV) *18 He aquí lo que he visto: bueno y conveniente es que el hombre coma y beba, y disfrute del bien de todo su trabajo que hace bajo el sol todos los días de su vida, que Dios le da; porque esta es su parte. 19 También todo hombre a quien Dios ha dado riquezas y bienes, y le ha dado poder para comer de ellos, y tomar su parte, y regocijarse en su trabajo; esto es don de Dios.*

INTRODUCCIÓN. El trabajo no es una maldición

En el Reino, **el trabajo no es un castigo: es un propósito.**

Muchas personas creen que el trabajo entró en el mundo después del pecado. Pero la Biblia dice:

> «El Señor Dios tomó al hombre y lo puso en el jardín del Edén para que lo labrara y lo cuidara». — Génesis 2:15

Eso fue antes de la caída, lo que significa que **el trabajo era parte del plan perfecto de Dios.**

El trabajo no fue el resultado de la maldición. *El esfuerzo* sí lo fue. *La frustración* también. *La futilidad* también.

¿Pero el trabajo en sí? **El trabajo es sagrado.**

En el momento en que Dios le dio aliento a Adán, le dio responsabilidad. ¿Por qué? Porque Dios creó al hombre no solo para recibir, sino para **ser fructífero, multiplicarse, repoblar, someter** y **tener dominio** (Génesis 1:28).

Este capítulo te ayudará a:
- Reformular tu mentalidad sobre el trabajo
- Recuperar la alegría en tus tareas
- Reconocer el significado espiritual de tus responsabilidades cotidianas

Porque cuando ves tu trabajo como una forma de adoración, incluso lo mundano cobra sentido.

SECCIÓN 1. Génesis: el trabajo fue la asignación original

> «Y Jehová Dios tomó al hombre y lo puso en el huerto del Edén para que lo labrara y lo guardara». — Génesis 2:15

El primer regalo que Dios le dio al hombre, antes del matrimonio, antes del ministerio, fue un **trabajo.**

Le dio a Adán un jardín, no para sentarse y admirarlo, sino para **cuidarlo:**
- Cultivarlo
- Guardarlo
- Multiplicarlo
- Proteger sus fronteras

Eso significa que el trabajo no es el resultado de la ruptura; es parte de tu **diseño.**

De hecho, la palabra hebrea para «trabajo» en este versículo es *abad*, que también significa **adoración o servicio**. Por lo tanto, cuando trabajas, no solo estás ganando un sueldo, sino que estás honrando el propósito original de Dios para tu vida.

Puede que tu trabajo no te parezca «espiritual», pero a los ojos del Reino, **la mayordomía fiel de tu asignación es adoración.**

Recuerda, Dios no solo ve una división entre lo sagrado y lo secular, sino que ve **la obediencia y el compromiso** en cada tarea, guiándote de una manera que hace que **la fidelidad no sea opcional.**

Cuando haces lo que Él te ha llamado a hacer, ya sea criar a tus hijos, construir, administrar o servir, **estás caminando en el mandato del Edén.**

SECCIÓN 2. Colosenses: Trabaja como para el Señor

«Cualquiera que sea tu trabajo, hazlo de todo corazón, como para el Señor y no para los hombres». — Colosenses 3:23

Pablo no dice: «Si es ministerio, trabaja duro». Dice: «Todo lo que hagas».

En la economía de Dios:
- Enseñar a un niño y administrar un negocio son ambos sagrados
- Limpiar una casa y liderar un avivamiento pueden tener un valor eterno
- La excelencia es adoración, independientemente de la audiencia

No necesitas un escenario para glorificar a Dios. Necesitas un espíritu de excelencia.

Cuando te das cuenta de que Dios es tu jefe supremo, tu perspectiva cambia:
- Dejas de actuar para la gente
- Empiezas a prepararte con un propósito
- Dejas de marcar la entrada y salida del trabajo con temor
- Empiezas a acudir con alegría.

Recuerda, **no solo estás trabajando, estás adorando.** Cada tarea, por pequeña o insignificante que parezca, es una oportunidad para glorificar a Dios a través de tu espíritu de excelencia.

SECCIÓN 3. Proverbios: la diligencia produce resultados

«Todo trabajo duro produce ganancias, pero las meras palabras solo conducen a la pobreza». — Proverbios 14:23

Salomón no solo promovía el trabajo duro, sino que establecía un evidente contraste:
- **El trabajo duro da resultados**
- **Las palabras vacías traen carencia**

El trabajo duro frente a la escasez no se refiere solo a las finanzas, **sino a la productividad en todos los ámbitos de la vida.**

La diligencia no es trabajar más duro que los demás; es trabajar con concentración, constancia e intencionalidad. Es estar presente cuando no es glamuroso. Es terminar lo que se empieza. Es negarse a dejar que las distracciones descarrilen tu disciplina.

En el Reino, el esfuerzo importa. No para ganarse la salvación, sino para expresar **la mayordomía.**

Proverbios también dice:

«La mano de los diligentes gobernará...» — Proverbios 12:24

La diligencia trae consigo el ascenso. Desbloquea el favor. Genera credibilidad e influencia.

Puedes orar por un avance, pero la diligencia es a menudo la clave que lo desbloquea.

SECCIÓN 4. Eclesiastés: el trabajo es un regalo

«Es bueno y apropiado que el hombre coma y beba, y disfrute del bien de todo su trabajo... es un regalo de Dios». — Eclesiastés 5:18–19

A veces, solo vemos el trabajo como una obligación. Pero Salomón lo llamó un **regalo**.

Dios te creó para construir, producir, crear, resolver y contribuir. Cuando trabajas en tu tarea, experimentas satisfacción, no solo fatiga. Por ejemplo, si eres maestro, puedes encontrar alegría y propósito en tu trabajo al ver el crecimiento y el desarrollo de tus alumnos.

Por eso, el agotamiento no suele provenir de hacer demasiado, sino de hacer cosas que **carecen de alegría y propósito.**

Cuando alineas tu trabajo con el propósito de Dios, puedes experimentar:

- Una profunda satisfacción
- Un sentido de valor eterno
- Alegría en el camino

El trabajo se convierte en un regalo **cuando se recibe con gratitud y se realiza con excelencia.**

SECCIÓN 5. **Recuperar la alegría en tu tarea**

En algún momento del camino, muchos de nosotros perdimos la alegría por aquello por lo que una vez oramos.

Le pedimos a Dios el trabajo, el negocio, la oportunidad, y luego, poco a poco, empezamos a resentirnos por el peso de la responsabilidad. Pero es fundamental recordar **para quién trabajamos y por qué Él nos llamó a ello.**

Para recuperar la alegría en tu tarea, pregúntate:

1. **¿A quién estoy sirviendo en última instancia?**
   Si la respuesta es el Señor, entonces la tarea más pequeña tiene un significado eterno y te aporta una profunda sensación de satisfacción y alegría.

2. **¿Qué vidas se ven afectadas por este trabajo?**
   Piensa más allá de la tarea. ¿Quién se beneficia de tu constancia?

3. **¿Cómo puedo realinear este rol con mi propósito?**
   Incluso en una temporada difícil, Dios puede estar usando este trabajo para refinarte para algo más grande.

La alegría llega cuando dejas de soportar tu trabajo, lo que implica una sensación de sufrimiento o tolerancia, y empiezas a dedicarte a él como una forma de **obediencia y adoración.** Dedicarte a tu trabajo significa participar activamente en él, encontrarle sentido y hacerlo con un propósito.

«El gozo del Señor es tu fortaleza». — Nehemías 8:10 Y Su gozo se manifiesta en medio de tu tarea, no solo al final de ella.

SECCIÓN 6. Preguntas para la reflexión

1. ¿He visto el trabajo como una carga en lugar de una bendición?
2. ¿En qué ocasiones he estado presente con mi cuerpo, pero no con mi corazón?
3. ¿Cómo puedo realinear mis responsabilidades diarias con la adoración?
4. ¿Qué cambiaría si viera mi trabajo como una tarea sagrada?

SECCIÓN 7. Declaración de oración

Padre, gracias por el don del trabajo. Perdóname por todas las veces que me he quejado, he sido flojo o he resentido mis asignaciones. Elijo ver el trabajo como adoración. Declaro que mis manos son bendecidas, mi mente está enfocada y mi labor no es en vano. Me presento con excelencia y lo hago para tu gloria. En el nombre de Jesús, amén.

Capítulo 4.5

Sabiduría para el trabajo y la riqueza

Enfoque bíblico:
Proverbios 3:13–16, Santiago 1:5,
Eclesiastés 10:10, Proverbios 24:3–4

Proverbios 3:13–16 (RV) *13 Bienaventurado el hombre que halla la sabiduría, y el hombre que adquiere entendimiento. 14 Porque su ganancia es mejor que la ganancia de la plata, y su provecho mejor que el oro fino. 15 Es más preciosa que las piedras preciosas, y nada de lo que puedas desear se le puede comparar. 16 En su mano derecha hay larga vida, y en su mano izquierda, riqueza y honor.*

Santiago 1:5 (RV) *5 Si alguno de vosotros tiene falta de sabiduría, pídala a Dios, que da a todos abundantemente y sin reproche, y le será dada.*

Eclesiastés 10:10 (RV) *10 Si el hierro está romo y no lo afila, tendrá que emplear más fuerza; pero la sabiduría es provechosa para dirigir.*

Proverbios 24:3–4 (RV) *3 Por la sabiduría se edifica la casa, y por el entendimiento se afirma; 4 y por el conocimiento se llenan las cámaras de todos los bienes preciosos y agradables.*

INTRODUCCIÓN. Se necesita más que esfuerzo

El trabajo duro es esencial, pero **no es suficiente por sí solo.**
    Puedes sudar y luchar y seguir estancado. ¿Por qué? Porque en el Reino, para dar fruto se requiere **sabiduría.**

«La sabiduría es más preciosa que las piedras preciosas, y nada de lo que desees se puede comparar con ella». — Proverbios 3:15

Muchas personas se agotan, no porque les falte esfuerzo, sino porque carecen de una **estrategia** clara. No necesitan más horas al día. **Necesitan el poder de la sabiduría para aportar más claridad a sus decisiones.**

La sabiduría no **se trata** solo de ser inteligente, **sino de saber qué hacer. Cuando hacerlo. Cómo hacerlo y con quién hacerlo.**

Y todo ello proviene **de Dios, nuestra fuente** de sabiduría. Este capítulo te ayudará a:
- Reconocer la diferencia entre esfuerzo y eficacia.
- Pedirle a Dios sabiduría en áreas prácticas
- Construir tu vida, tu trabajo y tu riqueza sobre la estrategia del Reino, no solo sobre la fuerza humana

Porque la sabiduría no solo construye el éxito, sino que lo sostiene.

SECCIÓN 1. Proverbios: la sabiduría trae riqueza y honor

«Bienaventurados los que encuentran la sabiduría... Ella es más provechosa que la plata y rinde mejores ganancias que el oro». — Proverbios 3:13–14

Salomón, el hombre más rico de su época, no le pidió dinero a Dios. Pidió **sabiduría**. Y, como resultado, Dios le dio todo lo demás.

¿Por qué? Porque:
- La sabiduría sabe dónde invertir
- La sabiduría sabe discernir el momento oportuno
- La sabiduría sabe cómo evitar las trampas
- La sabiduría sabe en quién confiar

«Con sabiduría se construye una casa, y con inteligencia se establece; con conocimiento se llenan sus habitaciones de tesoros raros y hermosos». — Proverbios 24:3–4

El esfuerzo sin sabiduría conduce al **agotamiento**. Pero cuando caminas en sabiduría, experimentas **abundancia**, no solo en lo financiero, sino también en lo relacional, lo espiritual y lo generacional.

La sabiduría no es solo un buen consejo; es **una visión divina** que hace que el trabajo sea productivo y garantiza que la riqueza sea sostenible.

SECCIÓN 2. Santiago: Pídele sabiduría a Dios

«Si alguno de ustedes carece de sabiduría, pídala a Dios, quien da generosamente a todos sin reprochar...». — Santiago 1:5

A veces olvidamos que **la sabiduría es una promesa, no un privilegio.** Dios no da sabiduría basándose en la antigüedad, sino en **la sinceridad.**

Si la pides con fe, Él te responderá con claridad.

Aquí está el truco: cuando llega la sabiduría, puede que no suene como esperabas. Puede que te diga:

- Que vayas más despacio
- Que digas que no
- Que esperes
- Que delegues
- Que dejes de gastar
- Invertir donde otros no lo hacen

La sabiduría rara vez grita. Susurra a los humildes. Por lo tanto, si te sientes abrumado, no pidas ayuda primero; **pide sabiduría.** La ayuda solo arreglará la superficie. La sabiduría arreglará el sistema.

SECCIÓN 3. Eclesiastés: afila el hacha

«Si el hacha está desafilada y su filo sin afilar, se necesita más fuerza, pero la habilidad traerá el éxito». — Eclesiastés 10:10

No necesitas un hacha más grande, sino una más afilada. En otras palabras, **la habilidad es más potente que el mero esfuerzo.**

La sabiduría aplicada a la habilidad es la diferencia entre el ajetreo y el dominio:

- El ajetreo dice: «Haz más».
- La sabiduría dice: «Hazlo mejor».

- El esfuerzo se agota.
- La sabiduría edifica.

Pregúntate a ti mismo:
- ¿Qué herramientas estoy utilizando que necesitan afilarse?
- ¿Qué sistemas me han quedado pequeños?
- ¿Dónde estoy ejerciendo presión cuando debería estar buscando perspectiva?

Los líderes más perspicaces no siempre son los más ocupados; son aquellos que saben cuándo dar **un paso atrás, afilarse y golpear en el ángulo adecuado.**

SECCIÓN 4. Cómo la sabiduría genera riqueza

El Reino no mide la riqueza solo por el dinero, sino por **lo que perdura.**
La sabiduría genera riqueza que vive más que tú:
- Riqueza financiera
- Riqueza relacional
- Riqueza espiritual
- Riqueza heredada

«Los sabios almacenan alimentos selectos y aceite de oliva, pero los necios se los tragan». — Proverbios 21:20

La sabiduría no solo gana, sino que también conserva. Sabe cómo:
- Administrar el presupuesto con prudencia
- Multiplicar los recursos
- Crear sistemas
- Evitar el desperdicio
- Sembrar con visión
- Crecer con integridad

La riqueza acumulada con esfuerzo puede perderse en un instante. Sin embargo, la riqueza basada en la sabiduría sobrevivirá a las tormentas y a la volatilidad de los mercados, y perdurará durante generaciones.

Por eso los administradores del Reino eligen buscar la sabiduría antes que las oportunidades.

SECCIÓN 5. Disciplinas de sabiduría práctica

La sabiduría crece con la práctica. Aquí hay cinco maneras de desarrollarla a diario:

1. **Comience cada día con una oración de sabiduría**
   «Señor, dame claridad, oportunidad y discernimiento para cada decisión que tome hoy».
2. **Lee un capítulo de Proverbios cada día**
   Hay 31 capítulos, uno para cada día. Cuantos más leas, más se alinearán tus instintos con la verdad.
3. **Haz más preguntas de las que respondes**
   Las personas sabias son aprendices. Busca consejo. Entrevista a mentores. Estudia patrones.
4. **Aprende de tus errores**
   Cuando las cosas salgan mal, no te sientas frustrado; pregúntate: «¿Qué me está enseñando la sabiduría aquí?».
5. **Rodéate de personas sabias**

   «Ande con los sabios y hágase sabio…» — Proverbios 13:20

   Tu círculo es tu plan de estudios.

SECCIÓN 6. Preguntas para reflexionar

1. ¿En qué aspectos he confiado más en el esfuerzo que en la sabiduría?
2. ¿Qué área de mi vida o mi trabajo necesita mejorar en este momento?
3. ¿Qué hábitos diarios puedo adquirir para crecer en sabiduría?
4. ¿A quién debo pedir consejo o mentoría?

SECCIÓN 7. Declaración de oración

Padre, te doy gracias por ser la fuente de toda sabiduría. Renuncio al orgullo, la confusión y el agotamiento. Te pido claridad en mi vocación, habilidad en mi trabajo y discernimiento en mis decisiones. Declaro que actúo con estrategia divina y administro cada oportunidad con entendimiento. No solo me esfuerzo sino que trabajo con sabiduría. En el nombre de Jesús, amén.

Capítulo 4.6

Multiplicar con sabiduría

Enfoque bíblico:
Mateo 25:14–30, Proverbios 21:5, Lucas 16:10–12

Mateo 25:14–30 (RV) *14 Porque el reino de los cielos es como un hombre que, yéndose a un país lejano, llamó a sus siervos y les entregó sus bienes. 15 A uno le dio cinco talentos, a otro dos y a otro uno, a cada uno según su capacidad, y luego se fue de viaje. 16 El que había recibido los cinco talentos fue y negoció con ellos, y ganó otros cinco talentos. 17 De igual manera, el que había recibido dos, ganó otros dos. 18 Pero el que había recibido uno fue y cavó en la tierra, y escondió el dinero de su señor. 19 Después de mucho tiempo, volvió el señor de aquellos siervos y ajustó cuentas con ellos. 20 Entonces el que había recibido los cinco talentos vino y trajo otros cinco talentos, diciendo: Señor, me entregaste cinco talentos; aquí tienes, he ganado otros cinco talentos más. 21 Su señor le dijo: Bien, buen siervo y fiel; sobre poco has sido fiel, sobre mucho te pondré; entra en el gozo de tu señor. 22 También vino el que había recibido dos talentos y dijo: Señor, me entregaste dos talentos; he aquí, he ganado otros dos talentos además de ellos. 23 Su señor le dijo: Bien, siervo bueno y fiel; has sido fiel en lo poco, te pondré a cargo de mucho; entra en el gozo de tu señor. 24 Entonces vino el que había recibido un talento y dijo: Señor, yo sabía que eres un hombre duro, que siegas donde no sembraste y recoges donde no esparciste; 25 y tuve miedo, y fui y escondí tu talento en la tierra; aquí tienes lo que es tuyo. 26 Su señor le respondió y le dijo: Siervo malo y perezoso, sabías que yo siego donde no sembré y recojo donde no esparcí; 27 por lo tanto, debías haber entregado mi dinero a los cambistas, y así, a mi regreso, habría* recibido lo mío con intereses. 28 Quitadle, pues, el talento y dádselo al que tiene los diez talentos. 29 Porque a todo el que tiene, se le dará, y tendrá en abundancia; pero al que no tiene, aun lo que tiene se le quitará. 30 Y echad al siervo inútil en las tinieblas de afuera; allí será el llanto y el crujir de dientes.

Proverbios 21:5 (RV) 5 Los pensamientos del diligente tienden solo a la abundancia, pero los del apresurado solo a la escasez.

Lucas 16:10–12 (RV) 10. El que es fiel en lo mínimo, también es fiel en lo mucho; y el que es injusto en lo mínimo, también es injusto en lo mucho. 11. Por tanto, si no has sido fiel en las riquezas injustas, ¿quién te confiará las verdaderas? 12. Y si no has sido fiel en lo ajeno, ¿quién te dará lo que es tuyo?

INTRODUCCIÓN. Dios no solo bendice el esfuerzo, sino que recompensa la multiplicación

Una de las verdades más ignoradas de la Biblia es esta: **Dios recompensa el crecimiento.** Dios no es solo un Dios de mantenimiento; es un Dios de **multiplicación**. En todas las áreas de la mayordomía —dinero, tiempo, talento y recursos— Él espera **un aumento.**

> «A uno le dio cinco talentos... a otro dos... a otro uno... a cada uno según su capacidad». — Mateo 25:15

En la parábola de los talentos (Mateo 25), a cada siervo se le dio algo. No fueron juzgados por lo que tenían, sino **por lo que hicieron con lo que tenían.** Solo aquellos que multiplicaron lo que se les dio fueron recompensados.

Muchos creen que la fidelidad significa **conservar, proteger o mantener** lo que se les ha confiado. Pero en el Reino, la fidelidad significa **multiplicar. Dios no espera que multipliques lo que no se te ha dado, pero sí espera frutos de lo que tienes.**

Dios no es un gerente; es un multiplicador, y **busca administradores que piensen igual.**

Esta verdad desafía la mentalidad religiosa que dice: *«Si no lo pierdo, lo he hecho bien».* Pero Jesús llamó **malvado y perezoso** al siervo de un talento, que devolvió exactamente lo que se le había dado.

¿Por qué? Porque temía más a la pérdida que a honrar al Señor con su talento.

Muchos creyentes oran por el crecimiento, pero son administradores que piensan como conservadores. Sin embargo, en el Reino, **la fidelidad no consiste solo en mantener el terreno, sino en conquistarlo, en ser proactivo y asertivo en tu fidelidad.**

Este capítulo trata de recuperar tu autoridad bíblica para **multiplicar lo que Dios te ha dado**, ya sea una habilidad, un recurso, un ministerio, una relación o una oportunidad. Y se trata de hacerlo con **sabiduría**, no solo con trabajo duro.

Este capítulo te ayudará a:
- Comprender el mandato bíblico de la multiplicación.
- Reconocer cómo la sabiduría juega un papel en tu crecimiento
- Multiplicar lo que Dios ha puesto en tus manos con intencionalidad y estrategia

Exploraremos cómo funciona la multiplicación divina, por qué muchos la evitan y cómo puedes abrazar tu llamado como **multiplicador fiel** en cada temporada. Porque **estás llamado a multiplicar, no solo a administrar.**

SECCIÓN I. La parábola de los talentos—La multiplicación es el mandato

«A uno le dio cinco talentos, a otro dos y a otro uno, a cada uno según su capacidad...» — Mateo 25:15

En esta conocida parábola, Jesús aclaró una cosa: **Dios ajusta cuentas.** Él regresa para ver qué has hecho con lo que te ha confiado.

A todos se nos ha confiado algo.

Nadie carece de talento en el Reino. Lo que difiere es la **medida**, no la **asignación**.

El Maestro da a cada uno «*según su capacidad*», lo que revela una verdad importante:
- Dios no compara lo que te ha dado a ti con lo que le ha dado a otra persona
- Él te hace responsable de lo que **te** ha confiado.

¿Qué hicieron?

- El siervo con cinco talentos los duplicó.
- El que tenía dos hizo lo mismo.
- Pero el que tenía un talento lo enterró y fue reprendido.

Dos los multiplicaron. Uno jugó a lo seguro.
La cuestión no era la cantidad, sino la **mentalidad**.
Los dos primeros actuaron con valentía y creatividad. El tercero actuó con miedo y excusas:
«*Sabía que eras un hombre duro...*» (v. 24)

Y aquí está la sorpresa: el amo elogió por **igual** al que le devolvió diez y al que le devolvió cuatro: «*Bien hecho, siervo bueno y fiel*».
Dios mide la fidelidad **por el crecimiento, no por la cantidad**.
Dios no recompensa el potencial; recompensa **la multiplicación fiel**. No todos recibirán los mismos dones y talentos, ni serán llamados a la misma vocación, pero **Dios hará que todos rindan cuentas de su mayordomía**.
La multiplicación no es codicia, es **devoción**. Demuestra:
- Honor al Dador
- Obediencia a la tarea asignada
- Disposición para el ascenso

El Maestro no dijo: «*Bien pensado*». **Dijo:** «*Bien hecho*».
El que enterró su talento pronunció un discurso ensayado:
- «*Sabía que eras un hombre duro...*».
- «*Tenía miedo...*».
- «*Así que escondí lo que me diste...*».

Este siervo no lo malgastó de forma imprudente, sino de **forma pasiva**.
Se perdió la recompensa, no porque pecara exteriormente, sino porque temía interiormente.

En el Reino, **el miedo al fracaso puede ser tan peligroso como la rebelión.**

Esta sección nos muestra que la mayordomía no se trata solo de guardar. Se trata de un crecimiento estratégico, una mentalidad de multiplicar con sabiduría en lugar de preservar con miedo.

SECCIÓN 2. Proverbios: los planes sabios conducen a la ganancia

«Los planes de los diligentes conducen sin duda a la abundancia, pero todos los que se precipitan solo llegan a la pobreza». — Proverbios 21:5 (ESV)

Este versículo contrasta claramente dos tipos de personas: el **planificador diligente** y el **que reacciona precipitadamente**. Uno construye hacia **la abundancia** y el otro cae en **la escasez**, no por falta de esfuerzo, sino por falta de sabiduría.

Vivimos en una cultura obsesionada con la velocidad, la viralidad y la gratificación instantánea. Pero la riqueza del Reino, ya sea financiera, relacional o espiritual, requiere **estrategia, estructura y sostenibilidad.**

Este versículo nos da un plan de multiplicación:
- **Diligencia:** acción constante y enfocada.
- **Planificación:** ejecución estratégica por encima del esfuerzo aleatorio.
- **Paciencia:** pensamiento a largo plazo en lugar de gratificación a corto plazo.

La sabiduría no solo ora por la multiplicación, sino que **se prepara para ella.**

Analicémoslo:

1. **«Los planes»**

Dios no bendice la confusión. Él bendice la claridad. **Planificar no es algo poco espiritual; es esencial.** José tenía un plan para la hambruna, Nehemías tenía un plan para la reconstrucción y Jesús tenía un plan para la redención.

Planificar es espiritual. **Dios mismo es un planificador:**
- Él planeó la creación en seis días estructurados (Génesis 1)

- Planificó la redención a través de Cristo desde la fundación del mundo (1 Pedro 1:20).
- Planificó el Tabernáculo con planos detallados (Éxodo 25–27).

Un mayordomo que desea la multiplicación debe **adoptar la planificación**. Eso incluye:
- Planes de negocios
- Previsiones presupuestarias
- Calendarios
- Sistemas de delegación
- Estructuras de comunicación
- Estrategias de sucesión y ampliación

La oración y la planificación no son enemigas, sino aliadas.

2. «... de los diligentes»

No de los impulsivos. No de los soñadores. No al azar.

La diligencia es la atención sostenida a lo largo del tiempo. Significa que:
- Sigue intentándolo
- Sigue mejorando
- Sigue evaluando y ajustando

Muchas personas oran por obtener ganancias, pero evitan el proceso. **En la diligencia es donde se produce el avance.**

3. «... conduce sin duda a la abundancia».

La promesa es **la abundancia,** no solo la supervivencia.

Cuando la sabiduría y el trabajo se alinean, el resultado es **la sobreabundancia.** Esta se convierte en:
- Capacidad para la generosidad
- Margen para la creatividad
- Recursos para construir
- Paz en el proceso

Pero aquí está el truco: **la abundancia no llega de repente, llega de manera segura.**

Dios bendice al administrador que piensa **en el futuro**, no solo al que trabaja duro. No te límites a perseguir resultados; diseña sistemas y construye sostenibilidad.

SECCIÓN 3. Lucas: al fiel en lo poco, se le confía más

«El que es fiel en lo muy poco, también es fiel en lo mucho...» — Lucas 16:10

Esta Escritura destaca el principio del Reino de la escala: **lo que haces con lo poco revela lo que harás con más. Dios observa cómo manejas las cosas pequeñas para determinar si estás listo para más.**

- Si tomas atajos con 100 dólares, administrarás mal 10.000 dólares.
- Si eres negligente con dos seguidores, administrarás mal a dos mil.
- No administrarás adecuadamente a un personal numeroso si no puedes honrar a un equipo pequeño.

Muchos quieren multiplicarse, pero se saltan la fase «pequeña». Pero en el Reino, **la forma en que manejas lo «pequeño» establece el límite de lo «mucho».**

¿Cómo es ser «fiel en lo poco»?
- Terminar la tarea incluso cuando nadie está mirando.
- Llevar un control honesto de los pequeños gastos
- Gestionar un equipo pequeño con excelencia.
- Ser agradecido y responsable incluso cuando te sientes ignorado
- Prepararse hoy como si el mañana dependiera de ello

Dios multiplica a través de la confianza. Si quieres que Dios te confíe ciudades, primero debes ser fiel con **el campo que te ha dado.**

La forma más rápida de alcanzar el siguiente nivel es superar las expectativas en el actual.

«Mucho» no siempre significa más dinero Puede significar:
- Mayor autoridad espiritual
- Mayor influencia de liderazgo
- Una visión más amplia
- Puertas abiertas que no podrías abrir tu mismo

Pero todo esto llega **después** de demostrar tu constancia, no antes.

SECCIÓN 4. Multiplica lo que se te ha dado

La multiplicación comienza con lo que ya tienes, no con lo que desearías tener.

«¿Qué tienes en tu mano?» — Éxodo 4:2

Cuando Moisés dudó de su vocación, Dios no le dio un nuevo recurso; le señaló lo que ya tenía en la mano.

Esta Escritura revela el principio fundamental de la multiplicación: **no necesitas más, necesitas ver lo que tienes de manera diferente.**

¿Qué tienes en tu mano?

- Una habilidad que resuelve problemas
- Una red de personas que no has aprovechado lo suficiente
- Un negocio que necesita perfeccionarse
- Una pequeña audiencia que requiere valor y constancia
- Un mensaje que necesita más estructura y audacia

La multiplicación comienza con el reconocimiento. No se trata de tener más, sino de hacer más con lo que tienes.

Si desprecias lo que tienes en tus manos, nunca lo aprovecharás al máximo. Reconoce el valor de lo que tienes. Si siempre estás persiguiendo lo que tienen otros, te perderás el milagro que tienes en tus manos.

La fe no fantasea, trabaja con lo que hay y descubre lo que es posible.

Los siervos de Mateo 25 comenzaron con lo que recibieron. El Maestro no les dio más por adelantado; les dio espacio para **multiplicarlo.**

¿Y cómo lo hicieron? Las Escrituras no describen el proceso, pero podemos deducir lo que requirió:

- Iniciativa
- Estrategia
- Riesgo
- Fe
- Diligencia

La multiplicación siempre es intencional. No ocurre por casualidad.

Todos los grandes negocios, ministerios, inventos y movimientos comenzaron con **un pequeño sí**.

La sabiduría no espera, trabaja con lo que hay disponible. Y al hacerlo:
- La capacidad crece
- El favor aumenta
- Y Dios sopla sobre tu obediencia

Entonces, ¿qué tienes en tus manos? Identifícalo. Honra eso. Multiplícalo.

SECCIÓN 5. Escalar con estrategia

La multiplicación sin estructura conduce al colapso. Por eso **el crecimiento requiere sabiduría**.

Muchas personas experimentan breves períodos de crecimiento, pero sin sistemas eficaces, este crecimiento puede convertirse en una carga. Lo que antes era una bendición se convierte en agotamiento.

A continuación, te explico cómo multiplicar con estructura:

1. **Evalúa lo que funciona: aclara tu núcleo**
   No multipliques todo; solo multiplica lo que está dando frutos. Pregúntate:
   - ¿Qué es lo que mejor hago?
   - ¿Qué es lo que genera más frutos?
   - ¿Qué puedo hacer que nadie más puede hacer?

   Luego, construye alrededor de ese núcleo.

2. **Sistematiza lo que se puede repetir**
   Si algo funciona, haz que se pueda enseñar. Los sistemas crean escalabilidad.
   - Anota tu proceso.
   - Crea listas de verificación.
   - Automatiza las tareas.
   - Entrena a alguien para que lo haga.

   Lo que puedes documentar, lo puedes duplicar. Si no puedes repetirlo, no puedes multiplicarlo.

3. **Crea un equipo, no solo una lista de tareas: delega lo que no necesitas hacer**
   No puedes multiplicar solo. La sabiduría sabe soltar para enfocarse en lo que da resultados. Invierte en personas que puedan llevar a cabo la misión.
   - Delega autoridad, no solo tareas.
   - Equipa y empodera, no micro gestiones.
   - Contrata por el carácter y enseña habilidades.
4. **Mide lo que importa**
   Haz un seguimiento del progreso, revisa los resultados y celebra los triunfos. Utiliza paneles de control, metas e indicadores de rendimiento (KPIs), no para presionar, sino para **tener claro el progreso**. Dedica tu energía, tiempo y finanzas alineado con tus metas y objetivos relacionados con tu tarea.
5. **Ora antes de actuar**
   El hecho de que seas capaz de escalar algo no significa que debas hacerlo todavía. **Pregunta al Señor:**
   - «¿Es ahora el momento?».
   - «¿Es esta el área?».
   - «¿A quién necesito a mi lado?».
   - «¿En qué aspectos soy ciego?»

Es prudente involucrar al Espíritu Santo en cada decisión, porque la multiplicación y la ampliación no son magia; comienzan con un impulso espiritual basado en la obediencia estratégica.

SECCIÓN 6. **Preguntas para la reflexión**

1. ¿Qué talento, habilidad u oportunidad he enterrado por miedo o negligencia?
   - ¿Qué ha puesto Dios en mis manos que no he utilizado plenamente?

2. ¿He confundido la fidelidad por ir a lo seguro?
   - ¿En qué aspectos he ido a la segura en lugar de multiplicar con fe?

3. ¿Qué puedo empezar a multiplicar hoy con concentración y fe?
   - ¿Qué parte de mi vida o mi trabajo necesita una estrategia de multiplicación?

4. ¿Dónde necesito sistemas, apoyo o mentoría para crecer de manera inteligente?
   - ¿De quién puedo aprender para crecer sabiamente y administrar el crecimiento?

SECCIÓN 7. Declaración de oración

Padre, te doy gracias por confiarme tiempo, recursos, dones y relaciones. Me niego a enterrar lo que me has dado. Me arrepiento de cada excusa y cada temor con los que me he asociado. Te pido sabiduría, valentía y disciplina para multiplicar lo que tengo en mis manos. Enséñame a multiplicar con fe, valentía y sabiduría. Que mi trabajo traiga crecimiento, que mis sistemas traigan orden y que mis esfuerzos traigan fruto. Declaro que no soy solo un administrador, soy un multiplicador. En el nombre de Jesús, amén.

QUINTA CLAVE

GRATITUD

(Lo que expresas con tu corazón)

Capítulo 5.1

El poder de la gratitud

Enfoque bíblico:
1 Tesalonicenses 5:18, Salmo 100:4, Lucas 17:11–19

1 Tesalonicenses 5:18 (RV) *18 Dad gracias en todo, porque esta es la voluntad de Dios en Cristo Jesús para con vosotros.*

Salmos 100:4 (RV) *4 Entrad por sus puertas con acción de gracias, y en sus atrios con alabanza; dadle gracias, bendecid su nombre.*

Lucas 17:11–19 (RV) *11 Y sucedió que, yendo a Jerusalén, pasaba por medio de Samaria y Galilea. 12 Y entrando en un pueblo, le salieron al encuentro diez hombres leprosos, los cuales se quedaron a distancia 13 y alzaron sus voces, diciendo: ¡Jesús, Maestro, ten misericordia de nosotros! 14 Y cuando los vio, les dijo: Id, mostraos a los sacerdotes. Y sucedió que, mientras iban, quedaron limpios. 15 Y uno de ellos, al ver que estaba curado, volvió, y con gran voz glorificó a Dios, 16 y se postró sobre su rostro a sus pies, dándole gracias; y era samaritano. 17 Jesús, respondiendo, dijo: ¿No eran diez los que fueron limpiados? ¿Dónde están los otros nueve? 18 No se ha encontrado a ninguno que haya vuelto para dar gloria a Dios, sino a este extranjero. 19 Y le dijo: Levántate, vete; tu fe te ha salvado.*

INTRODUCCIÓN. La gratitud es una puerta de entrada

La gratitud no es un rasgo de la personalidad, sino una **postura espiritual**. En el Reino, la gratitud no es solo una «buena actitud», sino un **poderoso principio** que rige el acceso, la perspectiva y el gozo.

«Dad gracias en todo, porque esta es la voluntad de Dios para con vosotros en Cristo Jesús». — 1 Tesalonicenses 5:18

Observa que Pablo no dice: *«Den gracias por todas las cosas»*, sino *«en todas las cosas».*

¿Por qué? Porque Dios no nos pide que seamos falsos o que neguemos el dolor. Nos llama a confiar en Él **por encima de nuestro dolor**, a responder con **fe en lugar de frustración** y **con agradecimiento en lugar de amargura.**

La gratitud no es solo un sentimiento, es una **estrategia espiritual.** Es una elección deliberada y consciente de enfocarse en lo bueno, incluso en medio de los desafíos. Protege tu perspectiva, alinea tu corazón con el Reino y prepárate para recibir más.

La gratitud es la voluntad de Dios, no porque Él la necesite, sino porque **nosotros la necesitamos.**

La gratitud:
- Cambia tu enfoque de la carencia a la provisión.
- Replantea tu dolor a través del lente de la fidelidad de Dios.
- Protege tu corazón del creer tener derecho, de la amargura y la depresión
- Hace espacio para más bendiciones.

La gratitud como clave de la mayordomía:
- **Reconoce** que Dios es tu fuente
- **Activa** la alegría y la paz
- **Atrae** más favores y avances
- **Alerta** a tu alma de que Dios sigue obrando

Cuando expresas gratitud, estás **alineando tu corazón con la perspectiva del Reino de Dios.**

En este capítulo, descubriremos cómo la gratitud:
- Abre puertas en el Espíritu
- Posiciona tu corazón para sostener la bendición
- Hace que lo que tienes sea suficiente hasta que Dios lo multiplique

Este capítulo también te ayudará a:
- Ver el poder oculto de dar gracias
- Desarrollar un ritmo diario de gratitud

- Cambiar el ambiente de tu hogar, equipo o negocio con una sola palabra: *gracias*

Porque **los administradores agradecidos son hallados administradores confiables y no solo sobrellevan la vida, sino que la transforman.**

SECCIÓN 1. Salmo 100: Entra con acción de gracias

«Entrad por sus puertas con acción de gracias, y en sus atrios con alabanza; dadle gracias y bendecid su nombre». — Salmo 100:4

En el Antiguo Testamento, el Tabernáculo tenía puertas, atrios y un santuario. Los fieles tenían que **entrar primero por las puertas exteriores**, y el protocolo era claro: **debían comenzar con acción de gracias.**

¿Por qué insiste Dios en que acudamos a Él de esta manera? Porque la gratitud es la **clave para acceder a Él.**

No se entra en presencia de un rey con quejas y exigencias; se entra con honor, aprecio y reconocimiento.

La presencia de Dios no es casual, y la gratitud es la forma en que **desbloqueamos la cercanía.**

La acción de gracias es una puerta:
- Abre la puerta al gozo (Salmo 16:11)
- Invita a la paz en medio del caos (Filipenses 4:6–7).
- Nos lleva del modo de supervivencia a una mentalidad de abundancia.
- Reajusta nuestros corazones con la verdad de quién es Dios

Cuando dices «gracias», incluso cuando las cosas no son perfectas, **le estás diciendo a tu alma:**
- «Dios sigue siendo digno».
- «Mi historia no ha terminado».
- «Lo ha hecho antes y lo volverá a hacer».

La gratitud no cambia a Dios; **te cambia a ti y aumenta tu capacidad para recibir más.** Es una fuerza transformadora que puede cambiar tu perspectiva de la carencia a la abundancia y de la desesperación a la esperanza.

La gratitud no es solo una práctica espiritual; es una herramienta práctica para cultivar una actitud positiva. Puede cambiar el ambiente en tu hogar, fortalecer la cultura de tu equipo y abrir tu corazón para **ver el bien** que Dios está haciendo en este momento.

Quejarse cierra puertas, pero la gratitud abre **puertas**. Es una fuerza transformadora que puede cambiar tu perspectiva de la carencia a la abundancia y de la desesperación a la esperanza.

SECCIÓN 2. Lucas 17: El que regresó

«Jesús preguntó: "¿No fueron los diez limpiados? ¿Dónde están los otros nueve? ¿Ninguno ha regresado para dar gloria a Dios, excepto este extranjero?". Luego le dijo: "Levántate y vete; tu fe te ha sanado"».
— Lucas 17:17–19

Jesús sanó a **diez leprosos**, un milagro que cambió sus vidas y su destino.

Sin embargo, **solo uno** regresó para darle las gracias. Y Jesús se dio cuenta.

No dijo: *«No pasa nada, mientras estén agradecidos en sus corazones»*. Preguntó: *«¿Dónde están los demás?»*.

La gratitud debe **expresarse** para ser verdaderamente **completa**.

Este hombre recibió algo **que los demás no recibieron:**

- Fueron **sanados**.
- Él quedó **pleno**.

En griego, la palabra traducida como «sanado» (*sozo*) también significa salvado, restaurado y pleno.

La gratitud no solo honró a Jesús, sino que desbloqueó **la plenitud**.

¿Qué nos enseña esto?

- **La gratitud te devuelve a la presencia de Jesús.** Los demás siguieron adelante; el agradecido se acercó más.
- **La gratitud te distingue.** Mientras que otros olvidan, los agradecidos se destacan.
- **La gratitud multiplica lo que has recibido.** La sanidad fue un regalo; la plenitud fue la recompensa por el honor.

La gratitud no es solo un gesto de cortesía, es un viaje de regreso al Dador. Y los que regresan reciben más, no solo en bendiciones materiales, sino en crecimiento espiritual y entendimiento.

Los otros nueve perdieron su momento de intimidad. Recibieron el milagro, pero perdieron al **Maestro** y la oportunidad de profundizar su conexión espiritual.

Muchas personas reciben provisiones y respuestas de Dios, pero nunca profundizan cuando no regresan para decir «gracias».

La gratitud siempre te lleva de vuelta, y Dios siempre te recibe allí.

SECCIÓN 3. La gratitud como arma y testimonio

La gratitud no solo te hace sentir bien, sino que también te ayuda **a luchar.**

> *«No se inquieten por nada, sino más bien, en toda ocasión, con oración y ruego, y dando gracias, presenten sus peticiones a Dios...»* — Filipenses 4:6

Pablo no nos dice que combatamos la ansiedad con positivismo. Nos dice que la combatamos con **oración, petición y acción de gracias.**

La gratitud es un arma contra:
- **La preocupación:** recuérdate lo que Dios ya ha hecho.
- **La envidia:** dejas de centrarte en lo que tienen los demás.
- **El derecho:** pasas de *«me lo merezco»* a *«soy bendecido»*.
- **El negativismo:** reemplazas las quejas por la celebración.

La gratitud se convierte en tu sistema de defensa; es la forma en que **proteges tu alegría** y **mantienes tu enfoque.**

Cuando empiezas a dar gracias a Dios por lo que *hay*, tu mente comienza a liberarse de lo que *no hay*. No puedes preocuparte y adorar al mismo tiempo.

Pero la gratitud no es solo un arma, también es un **testimonio.**
Cuando vives con un espíritu agradecido:
- La gente lo nota.
- Los entornos cambian
- Los equipos se vuelven más saludables
- Los matrimonios se fortalecen
- Los niños se sienten más seguros
- Los clientes, feligreses y compañeros de trabajo se sienten atraídos Las personas agradecidas llevan consigo la fragancia del Reino de Dios.

Y aquí está lo mejor: no es necesario sentirse **agradecido para serlo**. Tú lo eliges. Lo declaras. Lo practicas. Y con el tiempo, reconfigura tu corazón.

Puede que la gratitud no siempre cambie tus circunstancias, pero te cambia a ti.

SECCIÓN 4. Construir un estilo de vida de agradecimiento

La gratitud no es solo algo que practicas cuando sucede algo bueno. Es una **forma de vida**, una actitud que cultivas todos los días, independientemente de cómo te sientas.

> «Bendice, alma mía, al Señor, y no olvides ninguno de sus beneficios...» — Salmo 103:2

David le habló a su alma. Le ordenó que recordara. ¿Por qué? Porque **la gratitud es una disciplina antes de convertirse en un placer.**

Aquí hay cinco maneras de hacer de la gratitud un estilo de vida:

1. **Comienza y termina tu día con acción de gracias**
   Antes de desplazarte por la pantalla, suspirar o estresarte, da las gracias.
   - Da gracias a Dios por el aliento.
   - Por la paz.
   - Por poder estar en su presencia.
   - Por un día más para reflejar Su gloria.

   Incluso cinco segundos de gratitud pueden renovar tu alma.

2. **Lleva un diario de gratitud**
   Cada día, escribe tres cosas por las que estás agradecido. Pueden ser respuestas grandes o pequeñas a tus oraciones, gestos inesperados de amabilidad o la fuerza para afrontar tareas complejas.
   Comenzarás a darte cuenta de que **Dios está más involucrado en tu vida de lo que crees.**

3. **Da las gracias en voz alta**
   La gratitud que permanece en silencio no sirve a nadie. Expresa tu agradecimiento a tus seres queridos, a tu equipo o a tu pastor. Hazles saber por qué les estás agradecido. Un simple mensaje de

texto, una llamada o unas pocas palabras pueden marcar una gran diferencia.
La gratitud se multiplica cuando se expresa.

4. **Utiliza la adoración como entrenamiento de gratitud**
La adoración no es solo emocional, es un **acto intencional de agradecimiento.** Las canciones que proclaman quién es Dios y lo que ha hecho **entrenan tu alma para celebrar en lugar de quejarse.**

5. **Practica la gratitud en medio del dolor**
Esto es lo más difícil, pero también lo más poderoso.
- Dale las gracias por estar contigo en ese momento.
- Dale gracias por hacer que todas las cosas obren para bien
- Dale gracias porque este valle es temporal
- Dale gracias por no haber cambiado, incluso cuando todo lo demás sí lo ha hecho

Los administradores más maduros pueden decir «gracias» en medio de una tormenta.
Y cuando lo haces, estás caminando con confianza, autoridad y madurez espiritual.

SECCIÓN 5. Preguntas para reflexionar

1. ¿Expreso mi gratitud con regularidad o me enfoco en lo que me falta?
2. ¿Cuáles son las tres bendiciones que he recibido recientemente y por las que no le he dado las gracias a Dios?
3. ¿A quién debo agradecer hoy en mi vida?
4. ¿Cómo puedo incorporar un ritmo diario de acción de gracias en mi vida familiar o laboral?
5. ¿En qué área de mi vida me resulta más difícil agradecer en este momento, y qué verdad de la Palabra de Dios puedo declarar al respecto?

SECCIÓN 6. Declaración de oración

Padre, te doy gracias, no solo por lo que has hecho, sino por quién eres. Me arrepiento de cada momento en el que me he centrado más en lo que me faltaba que en tu fiel provisión. Enséñame a ser un administrador agradecido. Entrena mi corazón para reconocer tu mano en todas las cosas. Te doy gracias por el aire que respiro, el propósito de mi vida y la gracia que me cubre cada día. Declaro que estoy lleno de alegría, fe y agradecimiento. Ancla mi corazón en la gratitud, y mi boca declarará Tu bondad cada día. En el nombre de Jesús, amén.

Capítulo 5.2

La gratitud desbloquea lo sobrenatural

Enfoque bíblico:
Juan 6:11, Juan 11:41–44, Filipenses 4:6–7,
Salmo 50:23

Juan 6:11 (RV) *11 Y Jesús tomó los panes, y después de dar gracias, los repartió a los discípulos, y los discípulos a los que estaban sentados; y lo mismo hicieron con los pescados, tanto como quisieron.*

Juan 11:41–44 (RV) *41 Entonces quitaron la piedra del lugar donde estaba puesto el muerto. Y Jesús alzó los ojos y dijo: Padre, te doy gracias porque me has oído. 42 Yo sabía que siempre me oyes, pero lo dije por la gente que está aquí, para que crean que tú me has enviado. 43 Y habiendo dicho esto, clamó con gran voz: ¡Lázaro, ven fuera! 44 Y el que había muerto salió, atado de pies y manos con vendas, y su rostro estaba envuelto en un paño. Jesús les dijo: Desatadle y dejadle ir.*

Filipenses 4:6–7 (RV) *6 Por nada estéis afanosos, sino en todo, mediante oración y súplica con acción de gracias, sean conocidas vuestras peticiones delante de Dios. 7 Y la paz de Dios, que sobrepasa todo entendimiento, guardará vuestros corazones y vuestros pensamientos en Cristo Jesús.*

Salmos 50:23 (RV) *23 El que ofrece alabanza me glorifica; y al que ordena bien su conducta, le mostraré la salvación de Dios.*

INTRODUCCIÓN. La acción de gracias precede al poder

La gratitud no es solo cortéz; es **profética**. Es un principio espiritual que, cuando se practica, puede traer manifestaciones sobrenaturales a tu vida.

En las Escrituras, **la acción de gracias es a menudo el detonante de liberaciones milagrosas.** Es un principio divino que demuestra la alineación con el Reino y la expectativa de que Dios actúe.

«Entonces Jesús tomó los panes, dio gracias y los distribuyó...» — Juan 6:11

«Entonces Jesús alzó los ojos y dijo: "Padre, te doy gracias porque me has escuchado..."» — Juan 11:41

En ambos casos, Jesús **dio gracias antes de que ocurriera el milagro.**
- En Juan 6, los panes aún **no** eran **suficientes** cuando Él dio gracias.
- En Juan 11, Lázaro todavía estaba **en la tumba** cuando Él dio gracias.

Eso significa que **la acción de gracias no es una reacción a lo sobrenatural, sino una preparación para ello.**

La gratitud desbloquea:
- La provisión antes de la multiplicación
- El rompimiento antes de la resurrección
- Paz antes de la respuesta
- Alegría antes de que cambien las circunstancias

En este capítulo, exploraremos cómo la gratitud es:
- Una postura que activa un flujo sobrenatural
- Una herramienta práctica para resistir la duda y la ansiedad
- Una declaración profética de confianza por adelantado

Porque si quieres vivir en lo sobrenatural, debes aprender a dar gracias **antes de verlo.**

SECCIÓN 1. Jesús dio gracias antes del milagro

La gratitud no es solo algo que Jesús recomendó; es algo que Él ejemplificó en los momentos más difíciles de su vida.

> «Entonces Jesús tomó los panes, dio gracias y los distribuyó a los que estaban sentados, tanto como quisieron...» — Juan 6:11

Este milagro, la alimentación de los cinco mil, fue una lección magistral de mayordomía sobrenatural. Jesús tenía en sus manos lo **que parecía insuficiente**. El almuerzo de un niño. Cinco panes. Dos peces. La multitud tenía hambre. Los discípulos, presos del pánico, consideraban que los recursos eran insuficientes.

¿Y qué hizo Jesús? **Dio gracias.**

No oró para pedir más. No se quejó por lo poco que había. No entró en pánico bajo presión.

Levantó la escasez y **la bendijo.** Y en ese momento, se desencadenó lo sobrenatural. La comida no se multiplicó en la canasta; se multiplicó **en la distribución**. A medida que la repartían, aumentaba.

La gratitud activa lo que la lógica descarta.

Jesús nos mostró que la gratitud era la clave para **desbloquear** la provisión.

Él nos dio el ejemplo de que la acción de gracias demuestra **la confianza en el Padre**, y la confianza desata el poder de Dios.

SECCIÓN 2. La gratitud como catalizador de la multiplicación

A menudo oramos para que Dios **multiplique** nuestros recursos. Pero la pregunta es: ¿le hemos **dado las gracias** por lo que ya tenemos?

> «El que ofrece acción de gracias como sacrificio me glorifica; al que ordena rectamente su camino, le mostraré la salvación de Dios». — Salmo 50:23

Este versículo vincula **la gratitud con la revelación**. Cuando le das gracias a Dios por lo que tienes en tus manos, Él te revela lo que tiene en **las suyas**.

La multiplicación no comienza con el ajetreo, sino con **el honor**.
Así es como se multiplica la gratitud:

1. **La gratitud multiplica tu perspectiva.**
   Dejas de decir *«no es suficiente»* y empiezas a decir *«gracias por esta semilla»*. Ese simple cambio te lleva de un estado de carencia a uno de expectativa.

2. **La gratitud multiplica tu capacidad.**
   Un corazón agradecido tiene más paz, alegría, creatividad y resiliencia. Te conviertes en un mejor líder, padre, edificador o miembro del equipo.

3. **La gratitud multiplica tu favor.**
   Las personas se sienten atraídas por quienes tienen un espíritu de agradecimiento. Las puertas se abren para los humildes y los íntegros.

4. **La gratitud multiplica tu influencia.**
   Cuando hablas con gratitud —sobre tu equipo, tus clientes, tu familia— elevas la cultura que te rodea. La gratitud se reproduce en los demás.

Lo que bendices, Dios lo multiplica. Lo que maldices, lo reduce. Jesús bendijo el pan **antes** de que pareciera un milagro, y ese momento de honor desató la economía del Reino para alimentar a los cinco mil.

Nunca subestimes el poder de un «gracias». Podría marcar la diferencia entre solo mantener lo que tienes y multiplicarlo.

SECCIÓN 3. La gratitud desafía la lógica natural

La gratitud, a menudo percibida como una respuesta a recibir algo, no siempre tiene sentido en el contexto de la anticipación, y he ahí el punto.

Cuando Jesús dio gracias al Padre **antes de que** Lázaro saliera de la tumba, las personas que lo rodeaban aún estaban de duelo. Lázaro estaba en una tumba sellada y la situación parecía definitiva.

> *«Entonces quitaron la piedra. Jesús alzó los ojos y dijo: "Padre, te doy gracias porque me has escuchado"».* — Juan 11:41

Nadie más veía venir un milagro, pero Jesús ya estaba **dando gracias a Dios por la respuesta que aún no había visto.**

Eso es pensar de manera sobrenatural.
¿Por qué es importante?
Porque el pensamiento natural espera hasta que:
- Se paguen las facturas
- Se manifieste la sanidad
- Llegue la oportunidad
- Se abra la puerta

Pero la gratitud sobrenatural da las gracias a Dios por adelantado.
Dice:
- «Aunque todavía no lo vea, creo que Tú estás actuando».
- «Aunque todavía esté esperando, Tú sigues siendo digno».
- «Aunque parezca que falta algo, Tú eres mi Fuente».

La gratitud anticipada es uno de los **actos de fe** más explícitos.

No le estás dando las gracias a Dios por lo que ha hecho. Le estás dando las gracias porque confías en lo que está a punto de hacer.

Y ese tipo de fe cambia el ambiente. Trae paz en medio de las tormentas y claridad en medio de la confusión.

Invita a lo sobrenatural, no porque te lo hayas ganado, sino porque tu postura dice: **«Confío en ti de todos modos».**

SECCIÓN 4. Dar gracias por adelantado

Dar gracias por adelantado es el lenguaje de la expectativa. Una cosa es estar agradecido **después** del avance. Otra cosa es dar gracias a Dios **antes** de que se abra la puerta, se manifieste la sanidad o se supla la necesidad.

Dar gracias antes de ver la manifestación es el tipo de fe que:
- Agrada a Dios (Hebreos 11:6)
- Mueve montañas (Marcos 11:23-24)
- Trae paz (Filipenses 4:6-7)
- Te posiciona para recibir respuestas con valentía (Santiago 1:6)

«*No se inquieten por nada, sino que en toda ocasión, con oración y ruego, y dando gracias, presenten sus peticiones a Dios*». — Filipenses 4:6

Esta Escritura no solo dice *que oremos*, sino que oremos **con acción de gracias**. Cuando acompañas tus peticiones con gratitud, estás diciendo:
- «Confío más en ti que en lo que veo».
- «Creo que estás obrando incluso en silencio».
- «Sé quién eres, así que puedo darte las gracias antes de tener la respuesta».

La gratitud anticipada se ve así:
- Dar gracias a Dios por la sanidad antes de que tu cuerpo sienta la diferencia.
- Agradecer a Dios por la provisión antes de que llegue el cheque.
- Agradecer a Dios por la sabiduría antes de que la situación tenga sentido.
- Agradecer a Dios por las puertas abiertas antes de que se hayan abierto

Este tipo de agradecimiento pone nervioso al infierno porque es una declaración de que **tu confianza está en Dios, no en los resultados.**

Cuando le das las gracias por adelantado:
- Tu alma se estabiliza
- Tu espíritu se fortalece
- Tu mentalidad cambia
- Tu corazón se prepara para recibir

La Acción de Gracias no es la meta final. Es el disparo en la salida. Te lanza a una alianza sobrenatural con el Reino.

SECCIÓN 5. Construir un estilo de vida impulsado por la gratitud

Lo sobrenatural no es algo que visitas de vez en cuando. Es algo en lo que vives **cuando la gratitud se convierte en tu estilo de vida.**

Cuando dejas de tratar la gratitud como un momento y empiezas a tratarla como una **mentalidad**, todo cambia.

> «Estad siempre alegres, orad sin cesar, dad gracias en todo...». — 1 Tesalonicenses 5:16–18

Fíjate en que Pablo no dice que *sientas agradecimiento*. Dice que *des gracias* porque la gratitud es una **elección**, no una condición.

Así es como se construye ese estilo de vida:

1. **Exprésalo a diario**
   No esperes a recibir «grandes bendiciones». Empieza el día diciendo: *«Gracias, Dios, por el aliento, la paz, la misericordia y las oportunidades»*.
   Cuanto más lo digas, más lo creerás. Cuanto más lo sepas, más lo verás.

2. **Satura tu espacio con alabanzas**
   Llena tu coche, tu casa y tus audífonos con alabanzas que eleven tu corazón en gratitud.
   Esta atmósfera es hostil para la ansiedad y la confusión.

3. **Da las gracias antes de pensar**
   Cada vez que algo te frustre, haz una pausa y encuentra **una cosa** por la que dar gracias a Dios en medio de ello.
   No solucionará el problema de inmediato, pero cambiará tu perspectiva, y ahí es donde comienza el milagro.

4. **Da gracias a Dios en tus conversaciones**
   En lugar de desahogarte o preocuparte en voz alta, practica decir: *«No sé cómo va a salir esto, pero estoy agradecido de que Dios esté obrando»*.
   Esa sola frase puede cambiar el ambiente.

5. **Da ejemplo de gratitud en tu familia o equipo**
   Haz del «dar gracias» una cultura. Celebra públicamente los triunfos. Reconoce el valor de las personas. Da las gracias a aquellos a quienes diriges y a quienes te dirigen.
   La gratitud se multiplica cuando se da el ejemplo.

Por qué es importante

La gratitud mantiene:
- Tu corazón tierno
- Tu boca alineada
- Tu fe activa
- Tu espíritu expectante

Y esta combinación invita a lo **sobrenatural** a diario.

SECCIÓN 6. Preguntas para reflexionar

1. ¿He estado esperando ver el milagro antes de expresar mi gratitud?
2. ¿Qué situación en mi vida actual necesita un cambio de perspectiva a través de la acción de gracias?
3. ¿Cómo puedo empezar a dar gracias por adelantado, incluso antes de que se produzcan los cambios?
4. ¿Qué pequeñas bendiciones he pasado por alto y qué espera Dios que honre?
5. ¿Dónde puedo modelar mejor la gratitud en mi hogar, lugar de trabajo o ministerio?

SECCIÓN 7. Declaración de oración

Padre, te doy gracias no solo por lo que has hecho, sino por lo que estás haciendo, incluso cuando no puedo verlo. Me arrepiento de cada momento en el que he elegido la preocupación en lugar de la adoración y el miedo en lugar de la fe. Declaro que confío en ti por adelantado. Te doy gracias ahora por las puertas que se están abriendo, la sanidad que se está manifestando, el favor que está por venir y el avance que está en marcha. Enséñame a caminar en gratitud diaria y deja que mi corazón permanezca lleno de alabanza, sin importar lo que enfrente. En el nombre de Jesús, amén.

Capítulo 5.3

El desbordamiento de un corazón agradecido

Enfoque bíblico:
Lucas 6:45, Proverbios 4:23, Salmo 23:5,
2 Corintios 4:15

Lucas 6:45 (RV) *45 El hombre bueno, del buen tesoro de su corazón saca lo bueno; y el hombre malo, del mal tesoro de su corazón saca lo malo; porque de la abundancia del corazón habla su boca.*

Proverbios 4:23 (RV) *23 Guarda tu corazón con toda diligencia, porque de él brotan los manantiales de la vida.*

Salmos 23:5 (RV) *5 Tú preparas mesa delante de mí en presencia de mis enemigos; unges mi cabeza con aceite; mi copa está rebosando.*

2 Corintios 4:15 (RV) *15 Porque todas las cosas son por vosotros, para que la gracia abundante, por la acción de gracias de muchos, redunde en gloria de Dios.*

INTRODUCCIÓN. Lo que se llena, se derrama

La gratitud no es solo una reacción, es un **recurso** que llena un **depósito** espiritual.

Lo que llena tu corazón acabará **derramándose por tu boca, tus decisiones, tus respuestas y tus relaciones.** Jesús lo expresó así:

> «*De la abundancia del corazón habla la boca*». — Lucas 6:45

Eso significa que la gratitud no es algo que se hace de vez en cuando, sino algo que **se lleva dentro**. Cuando tu corazón está lleno de agradecimiento, todo en tu vida comienza a reflejarlo:
- Tus palabras se vuelven alentadoras.
- Tus oraciones se vuelven audaces
- Tus relaciones se vuelven pacíficas
- Tu liderazgo se vuelve vivificante

Un corazón agradecido no solo sobrevive, sino que **rebosa.**
Este capítulo te ayudará a:
- Comprender la ley espiritual del desbordamiento
- Identificar lo que se está escapando de tu corazón
- Aprender a llenar tu vida de agradecimiento hasta que se convierta en tu atmósfera

Porque la gratitud nunca fue pensada para ser por una temporada, sino para ser una fuente de **desbordamiento continuo.**

SECCIÓN 1. El corazón es un pozo

«Por encima de todo, guarda tu corazón, porque de él mana todo lo que haces». — Proverbios 4:23 (NVI)

Tu corazón no es solo un órgano, es un **depósito espiritual**.
Todo lo que dices, decides, lideras y persigues fluye de **lo que hay dentro** de tu corazón. Si está lleno de miedo, el miedo sale. Si está lleno de frustración, la frustración se derrama.
Pero, ¿y si está lleno de **gratitud**?
Entonces fluye la alegría. Fluye la paciencia. Fluye la paz. Fluye el ánimo. Fluye la esperanza.
Por eso la gratitud no se trata de momentos, sino de **mantenimiento**.
No se construye una vida agradecida reaccionando a las bendiciones, sino **protegiendo y llenando el corazón cada día**.
Jesús dijo que la boca revela lo que rebosa el corazón. Por lo tanto, si tu discurso está lleno de sarcasmo, estrés, negatividad o quejas, no es solo un problema vocal, es un **problema del corazón**.
Cómo cuidar el pozo de tu corazón:
- Presta atención a lo que dejas entrar (conversaciones, contenido y quejas).

- Mantén una lista actualizada de la fidelidad de Dios.
- Escribe en un diario las victorias diarias o las oraciones contestadas.
- Convierte los retrasos y los desvíos en declaraciones de confianza.
- Rodéate de voces agradecidas

Un corazón protegido y lleno se convierte en una fuente, no en un desagüe.

SECCIÓN 2. La gratitud fluye donde se almacena

Pablo escribe a la iglesia de Corinto:

> «Todo esto es para su beneficio, para que la gracia que llega a más y más personas haga que la acción de gracias se desborde para la gloria de Dios». — 2 Corintios 4:15

La gratitud en tu corazón no comienza con las circunstancias, sino con **la gracia**.

Pablo había sido golpeado, acusado falsamente, había naufragado, y, sin embargo, dice **que la gratitud sigue rebosando**. ¿Por qué? Porque ancló su corazón en algo más profundo que sus condiciones.

La gratitud rebosa cuando:
- **Eliges enfocarte** en lo que Dios ha hecho.
- **Practicas la gratitud** incluso cuando es difícil
- **Dejas que la gracia defina** tu perspectiva.
- **Creas intencionalmente ritmos** que alimentan tu agradecimiento

Tu vida externa acabará reflejando tu postura interna. Si quieres que la paz y la alabanza fluyan libremente, debes **verter gratitud** con regularidad.

No puede rebosar de ti lo que nunca has almacenado.

Haz depósitos de gratitud a diario. Los beneficios cambiarán tu mentalidad, tu matrimonio, tu dinero y tu ministerio.

SECCIÓN 3. Una vida agradecida se convierte en una vida generosa

La gratitud no se queda en el interior, sino que se convierte en una **expresión externa**.

> *«Unges mi cabeza con aceite; mi copa está rebosando»*. — Salmo 23:5

David no dijo: «Mi copa está llena». Dijo: «Rebosa». ¿Por qué? Porque **Dios no solo te llena para ti, sino que te llena para que derrames.**

Cuando tu corazón está lleno de agradecimiento:
- Te conviertes en una **bendición** para los demás
- Hablas de **vida**, no solo de ánimo
- Siembras con **alegría**, no con culpa.
- Lideras con **abundancia**, no con supervivencia.

Un corazón del que rebosa gratitud produce:

1. **Generosidad**
   Las personas agradecidas dan más libremente su tiempo, sus talentos y sus tesoros. Saben que todo lo que tienen es un regalo, por lo que lo sostienen con las manos abiertas.

   «Gratis lo recibisteis, dadlo gratis». — Mateo 10:8

   Cuando sabes cuánta gracia has recibido, es fácil **convertirte** en un **conducto** de esa gracia.

2. **Ánimo**
   Cuando de ti rebosa gratitud, te apresuras a afirmar a los demás. Ves lo mejor. Celebras las pequeñas victorias. Infundes vida en los lugares cansados.
   Este desbordamiento transforma las relaciones, los equipos, los matrimonios y los ministerios.

3. **Excelencia**
   La gratitud alimenta el esfuerzo. Cuando estás agradecido por la oportunidad, te comportas de manera diferente. Te preparas. Te quedas hasta tarde. No te quejas. **Glorificas.**

4. **Compasión**
   La gratitud mantiene tu corazón sensible hacia los demás. En lugar de comparar o criticar, **bendices** y **construyes**.
5. **Estabilidad**
   Cuando tu corazón está basado en la gratitud, no permites que las tendencias o las circunstancias te afecten. Llevas paz en la tormenta, y la gente quiere anclarse cerca de ti.

El desbordamiento no es solo para ti, es la forma en que Dios se encuentra con los demás a través de ti.

Cuando tu vida está arraigada en la gratitud, toda tu postura cambia. Tu casa se convierte en un refugio. Tu negocio se convierte en una bendición. Tu vocación se convierte en un conducto.

SECCIÓN 4. Gratitud que te sostiene en todas las temporadas

La gratitud te da **resistencia espiritual**. Cuando mantienes tu corazón lleno de agradecimiento, no solo te levantas con bendiciones, sino que te mantienes firme en las pruebas.

> *«Aunque la higuera no florezca y no haya uvas en las vides... yo me regocijaré en el Señor».* — Habacuc 3:17-18

Habacuc no se regocijó **porque** todo fuera perfecto. Se regocijó **a pesar de que** todo se desmoronaba.

Un corazón que puede rebosar de gratitud **en el desierto**, y no solo en la cosecha, es lo que se conoce como madurez espiritual.

La gratitud en las temporadas secas:

- **Te impide rendirte.** Cuando le das gracias a Dios por las victorias pasadas, te recuerda que Él sigue contigo.
- **Cambia tu forma de orar.** En lugar de suplicarle a Dios por desesperación, te acercas a Él con expectativas llenas de fe.
- **Protege tu perspectiva.** Dejas de magnificar el problema y empiezas a magnificar al que cumple sus promesas.
- **Fortalece tu resistencia.** La gratitud le recuerda a tu alma: *«Ya hemos pasado por esto antes. Él nos sacó entonces. Lo volverá a hacer».*

La gratitud no es negación. Es desafío contra el desánimo. No estás ignorando la realidad; la estás enfrentando con la verdad.

SECCIÓN 5. Construir una cultura de abundancia

La gratitud es contagiosa. Cuando desborda de tu vida, no solo cambia tu historia, sino también tu **entorno**.

Como líder, ya sea en una familia, una empresa, una iglesia o un equipo, tú tienes las riendas para crear una **cultura**, un entorno moldeado por valores.

Y no hay valor más poderoso que **la gratitud rebosante**. **Cómo crear una cultura de abundancia:**

1. **Da ejemplo abiertamente**
   Deja que la gente te oiga decir «gracias» a Dios y a los demás. La gratitud visible se convierte en un patrón que otros siguen.

2. **Celebra el progreso, no solo la perfección**
   Una cultura de gratitud valora el camino recorrido. Celebra el crecimiento, no solo los objetivos. Se reconocen los peldaños subidos, las pequeñas victorias y los avances.

3. **Honra a las personas públicamente**
   Destaca la excelencia. Resalta el esfuerzo invisible. Envía notas de agradecimiento. Reconoce lo que las personas aportan y aportarán más.

4. **Cuenta historias sobre la fidelidad de Dios**
   Comparte regularmente tus testimonios en casa, en tu lugar de trabajo o en la iglesia. Deja que la gratitud se convierta en la banda sonora de tu cultura. **Lo que honras, lo multiplicas.**

Si quieres guiar a las personas hacia una vida sobrenatural, no te limites a enseñarles los milagros: **dales ejemplo de gratitud**.

La gratitud rebosante crea una atmósfera en la que:
- La fe crece
- El cinismo se desvanece
- Se extiende la alegría
- El Espíritu Santo se siente bienvenido

Tu cultura comienza con lo que declaras.

SECCIÓN 6. **Preguntas para la reflexión**

1. ¿Qué ha estado rebosando de mi corazón últimamente: gratitud o quejas?
2. ¿Qué hábito regular puedo desarrollar para mantener mi corazón lleno de agradecimiento?
3. ¿Cómo ha influido la gratitud en las personas que me rodean?
4. ¿Qué temporada seca estoy atravesando que necesita un reinicio de gratitud?
5. ¿Cómo puedo fomentar una cultura de gratitud en mi hogar, ministerio o lugar de trabajo?

SECCIÓN 7. **Declaración de oración**

Padre, gracias por cada buen regalo. Elijo proteger mi corazón y llenarlo de agradecimiento. Me niego a permitir que las quejas o el miedo se arraiguen en mi espíritu. En cambio, rebosa de tu bondad en mi corazón. Te doy gracias en cada temporada, cuando veo el milagro y cuando aún estoy esperándolo. Declaro que mi vida es un pozo de gratitud, que mis palabras transmiten ánimo y que mi influencia desata alegría. Que mi corazón esté tan lleno de agradecimiento que toque a todos los que me rodean. En el nombre de Jesús, amén.

SEXTA CLAVE

PRUDENCIA

(Lo que haces con tu tiempo)

Capítulo 6.1

Redimiendo el tiempo

Enfoque bíblico:
Efesios 5:15–17, Salmo 90:12, Eclesiastés 3:1

Efesios 5:15–17 (RV) *15 Mirad, pues, que andéis con prudencia, no como necios, sino como sabios, 16 aprovechando bien el tiempo, porque los días son malos. 17 Por tanto, no seáis insensatos, sino entendidos en cuál es la voluntad del Señor.*

Salmos 90:12 (RV) *12 Enséñanos a contar nuestros días, para que nuestro corazón alcance sabiduría.*

Eclesiastés 3:1 (RV) *1 Para todo hay una estación, y un tiempo para cada propósito bajo el cielo:*

INTRODUCCIÓN. El tiempo es una prueba de mayordomía

El tiempo no es solo un horario; es una **confianza sagrada.** Es el único recurso que no se puede obtener nuevamente, recomprar o retrasar.

> *«Mirad, pues, con cuidado cómo andáis, no como necios, sino como sabios, aprovechando bien el tiempo, porque los días son malos». —* Efesios 5:15–16 (ESV)

El consejo de Pablo no se refiere solo a administrar el tiempo, sino a hacerlo con sentido de urgencia y sabiduría. Se trata de evitar distracciones, retrasos y pensamientos sin salida. Porque la forma en que usas tu tiempo refleja lo que valoras, crees y esperas de Dios.

La administración del tiempo no consiste simplemente en llenar tu agenda con tareas, **sino en actuar de manera intencionada.**

Este capítulo te ayudará a:
- Reformular el tiempo como un activo del Reino.
- Identificar dónde se está escapando el tiempo de tu vida
- Aprender a caminar con la urgencia que te da el Espíritu, no con ansiedad
- Alinear tu agenda con tu propósito

Porque cuando **aprovechas el tiempo**, no solo haces mejores planes, sino que cumples con las tareas divinas.

SECCIÓN 1. Contar tus días para obtener sabiduría

«Enséñanos a contar nuestros días, para que nuestro corazón alcance sabiduría». — Salmo 90:12

Esta oración de Moisés es más que poética: es profética. **Contar tus días** no solo significa contarlos. Significa valorarlos, priorizarlos y **utilizarlos intencionalmente.**

Vivir intencionalmente no es solo un concepto, es una forma de vida que alinea tus acciones con tu propósito divino.

La mayoría de las personas actúan como si el tiempo fuera ilimitado. Pero la sabiduría dice: **«No tienes tiempo que perder».**

¿Cómo luce contar tus días?
- Preguntarse a diario: *«¿Qué es lo más importante hoy?».*
- Negarse a dedicar energía a lo que no da fruto.
- Decir no a las distracciones, incluso a las buenas, que te alejan de tu propósito divino.
- Estructurar tu tiempo en torno a la voz de Dios, no a las exigencias de los demás.

La sabiduría es saber que **todo tiene su momento, pero no todo merece tu tiempo.**

«Hay un tiempo para todo, y una temporada para cada actividad bajo el cielo...» — Eclesiastés 3:1

Si no defines tu tiempo, el mundo lo hará por ti. La cultura llenará tu calendario. La urgencia reemplazará al propósito, y pasarás tu vida ocupado pero **sin frutos**.

Dios quiere que su pueblo viva una **vida sabia y oportuna**, no por inercia.

SECCIÓN 2. **El costo del tiempo perdido**

El tiempo es la moneda de la vida. Una vez que lo gastas, nunca lo recuperas.

Por eso el enemigo no siempre necesita destruirte; solo necesita distraerte. Si puede mantenerte postergando, comprometiéndote excesivamente o esperando sin fin «el momento adecuado», ya ha ganado.

El tiempo perdido a menudo se disfraza de descanso, retraso o preparación. Señales de que estás perdiendo el tiempo:
- Te pasas el tiempo preparándote sin llegar nunca a lanzarte
- Dices que sí a todo y acabas sin hacer nada bien.
- Sigues posponiendo la obediencia hasta que «te sientas preparado».
- Pasas más tiempo respondiendo a tu entorno que planificando.

Pero aquí está la buena noticia:
Aunque el tiempo es limitado, **Dios lo redime.**

«Os restituiré los años que la langosta ha devorado...» — Joel 2:25

Incluso si has desperdiciado años, Dios puede acelerar tu crecimiento, multiplicar tu impacto y redimir los momentos perdidos.

Pero todo comienza por **tomar las riendas de tu tiempo.**

Cuando asumes la responsabilidad de tu tiempo, entras en **un nuevo nivel de autoridad espiritual.**

SECCIÓN 3. **Caminar en el tiempo guiado por el Espíritu**

«Los pasos del hombre bueno son ordenados por el Señor...» — Salmo 37:23

Hay una diferencia entre **administrar tu tiempo** y **ser guiado en tu tiempo.**

La administración del tiempo en el Reino no se trata solo de planificar, sino de **alinearse**. Muchas personas llenan sus calendarios con obligaciones y oportunidades, pero nunca se preguntan: *«Dios, ¿esto viene de ti?»*.

El administrador sabio pregunta:
- «¿Dónde debo invertir mi energía hoy?».
- «¿Qué tarea es para ahora y cuál es para más adelante?».
- «¿Qué estoy haciendo bajo presión en lugar de por un propósito?».

La administración del tiempo guiada por el Espíritu significa que tu agenda se convierte en un lienzo para el movimiento divino.

Caminar según el tiempo de Dios significa:
- Decir «no» sin sentir culpa.
- Decir «sí» sin dudar.
- Confiar en Su ritmo, no en tu presión
- Fluir en paz, no en pánico
- Reconocer que al decir *«más tarde»* puedes ser igual de desobediente que al decir *«nunca»*

A veces, el retraso es desobediencia disfrazada de sabiduría. Y a veces el descanso es obediencia que se siente como ir contra la cultura. Cuando tu tiempo pertenece a Dios, tu vida se convierte en un reflejo de **precisión pacífica**.

SECCIÓN 4. **Restablecer tus ritmos**

Si sientes que tu vida está fuera de control, probablemente tus ritmos lo estén.

La administración del tiempo requiere **una estructura intencional**, no rutinas rígidas que ahogan el Espíritu, sino ritmos que crean **espacio para lo mejor de Dios**.

«Seis días trabajarás, pero el séptimo día descansarás...» — Éxodo 34:21

Incluso en la ley, Dios incorporó ritmos de trabajo y descanso. ¿Por qué? Porque Dios sabía que tu **fruto depende de como fluyes**.

Cinco ritmos de la mayordomía del tiempo que debes establecer

1. **Tiempo de concentración matutino**
   Comienza tu día con claridad: palabra, adoración y prioridades. Tus primeros 30 minutos pueden marcar el rumbo de 12 horas de paz.
2. **Planificación semanal**
   No dejes que las semanas «simplemente pasen». Revisa tus prioridades el domingo o el lunes. Pregúntate:
   - ¿Qué es lo más importante esta semana?
   - ¿En qué debo enfocarme?
3. **Aprender a decir no estratégicamente**
   Aprende a rechazar las oportunidades que no se ajustan a tu misión. No estás siendo descortés. **Estás siendo claro** y empoderándote para centrarte en lo que realmente importa.
4. **Ritmo del Shabbat**
   Elige un día para desconectarte, recargar energías, reflexionar y adorar. El Shabbat no es una restricción, es un regalo.
5. **Reinicio al final del día**
   Tómate 10 minutos para repasar los logros, identificar los cabos sueltos y dar gracias a Dios. Así cerrarás el día en paz, sin estrés.

Los ritmos saludables recuperan tiempo automáticamente porque eliminan el desperdicio y protegen el margen.

Los administradores no solo se preguntan: «*¿Qué debo hacer?*», sino también: «*¿Cuándo debo hacerlo y a qué ritmo?*».

SECCIÓN 5. Preguntas para la reflexión

1. ¿En qué he estado invirtiendo tiempo que no está dando frutos?
2. ¿Qué tareas o compromisos estoy manteniendo por miedo o culpa?
3. ¿Qué área de mi vida necesita un ritmo o un límite más preciso?
4. ¿Cuándo fue la última vez que invité al Espíritu Santo a participar en mi planificación semanal?
5. ¿Cómo puedo reflejar mejor los valores del Reino en el uso que hago de mi tiempo cada día?

SECCIÓN 6. Declaración de oración

Padre, te doy gracias por el regalo del tiempo. Me arrepiento de los momentos que lo he desperdiciado por miedo, distracción o demora. Enséñame a caminar según tu tiempo. Ayúdame a contar mis días, a vivir con propósito y a administrar mi agenda con sabiduría. Declaro que alineo mi tiempo con el Reino. Camino en el ritmo divino, con asignaciones guiadas por el Espíritu y con la claridad del Reino. No persigo lo urgente. Persigo lo que importa. En el nombre de Jesús, amén.

Capítulo 6.2

La sabiduría de la planificación

Enfoque bíblico:
Proverbios 21:5, Lucas 14:28–30, 1 Corintios 14:40

Proverbios 21:5 (RV) *5 Los pensamientos del diligente tienden solo a la abundancia, pero los del apresurado solo a la escasez.*

Lucas 14:28–30 (RV) *28 ¿Quién de vosotros, queriendo edificar una torre, no se sienta primero y calcula el costo, para ver si tiene lo suficiente para terminarla? 29 No sea que, después de poner los cimientos y no poder terminarla, todos los que la vean comiencen a burlarse de él, 30 diciendo: Este hombre comenzó a edificar y no pudo terminar.*

1 Corintios 14:40 (RV) *40 Hágase todo decentemente y con orden.*

INTRODUCCIÓN. Tu agenda es una declaración espiritual

Tu calendario revela tu vocación.

Aunque muchos consideran que los horarios son algo secular o rutinario, en el Reino, un horario bien elaborado es un **arma espiritual** poderosa. Transforma la visión en progreso, el llamado en estabilidad y el propósito en paz.

> «Los planes de los diligentes conducen sin duda a la abundancia, pero todos los que se precipitan solo llegan a la pobreza». — Proverbios 21:5

Planificar no es falta de fe, es **evidencia de fe**. Demuestra tu creencia de que lo que Dios te ha confiado vale la pena administrarlo.

Este capítulo te ayudará a:
- Alinear tu agenda con tus valores.
- Reconocer lo que hay que podar, pausar o priorizar
- Utilizar la estructura para servir a tu propósito, no para sofocarlo
- Crear márgenes que protejan tu paz y productividad

Porque si el enemigo no puede destruir tu llamado, intentará **desestabilizar tu estructura**.

Recuerda, programar sabiamente no es solo un acto de administración, sino también un **acto de guerra**. Es un llamado a la acción, un grito de guerra para tomar el control de tu vida, tu misión y tu destino.

SECCIÓN 1. La estructura desbloquea la mayordomia

> «¿Quién de ustedes, queriendo edificar una torre, no se sienta primero y calcula el costo...?» — Lucas 14:28

Jesús elogió la planificación. Básicamente, estaba diciendo: «¿Cómo puedes construir sin calcular?». En otras palabras, ¿cómo puedes alcanzar tus metas sin prepararte primero para ellas?

Muchas personas oran por el crecimiento, pero no se han preparado para ello. **La fe prepara**. Los mayordomos fieles no solo sueñan, sino que **diseñan, sabiendo que solo alcanzarán sus metas identificando los pasos necesarios y dándolos.**

SECCIÓN 2. Lo que se programa se hace

Si no está en tu calendario, es probable que no se haga realidad.

Ya sea orar más, estudiar la Palabra, hacer ejercicio o construir un ministerio, estos **seguirán siendo solo deseos si no se programan**. Sin un compromiso en tu calendario, corren el riesgo de quedar opacados por otras tareas.

> «Pero todo debe hacerse de manera adecuada y ordenada». — 1 Corintios 14:40

El orden es un principio del Reino, y siempre precede al crecimiento. Desde la creación hasta la cruz y la iglesia primitiva, Dios siempre obró mediante **el diseño, no el desorden.**
La planificación aporta:
1. **Claridad:** sabes lo que merece tu tiempo.
2. **Responsabilidad:** proteges tus prioridades.
3. **Paz:** dejas de vivir en un modo constante de respuesta hacia tu ambiente.
4. **Impulso:** las pequeñas victorias se acumulan cuando se repiten con constancia.

Claves para una planificación llena de fe:
5. **Planifica en función de las prioridades, no de las presiones:** cuando planifiques tu agenda, recuerda dar prioridad a lo que es realmente importante por encima de lo que es simplemente urgente. Si siempre dices que sí a las cosas urgentes, nunca tendrás tiempo para lo que es realmente importante.
6. **Haz tiempo para lo que te motiva:** recargar energías no es egoísta, es administración responsable. Programa la renovación espiritual, física y emocional.
7. **Agrupa y bloquea tu tiempo:** organiza actividades parecidas en conjunto y reserva bloques de tiempo exclusivos para ellas. Evita que las distracciones se cuelen.
8. **Revisa y perfecciona semanalmente** Dedica 15 minutos los domingos a ajustar tu plan. Busca la guía del Espíritu Santo: *«¿Esto refleja esto mi propósito?»*.

SECCIÓN 3. **Planificar el margen de descanso y la misión**

El margen de descanso es el espacio entre tu carga y tus límites. Sin él, vives la vida agotado, impulsivo y abrumado, incluso cuando estás haciendo «cosas buenas». Al aceptar el descanso, abres la puerta a una vida más equilibrada, intencionada y satisfactoria.

Jesús tenía una agenda muy apretada, pero nunca frenética. Demostró que es posible estar plenamente comprometido con la vida sin sentirse abrumado.

«Pero Jesús se retiraba a menudo a lugares solitarios y oraba». — Lucas 5:16 Si el Hijo de Dios programaba momentos de soledad, **tú también deberías hacerlo.**

Planificar para tener margen de descanso significa:
- **Dejar espacio entre las citas** para no tener que correr de un lado a otro.
- **Planificar el descanso y la reflexión** como lo harías con una reunión.
- **Planificar días o momentos de respiro** para pensar, visualizar o hacer pausas.
- **Terminar el día antes de que tu cuerpo se derrumbe** por el agotamiento.

El margen de descanso crea espacio para los **movimientos inesperados de Dios.** Sin este margen, te perderás las interrupciones divinas, perderás tu creatividad y vivirás en modo supervivencia en lugar de en modo de mayordomía. Estas interrupciones divinas, a menudo disfrazadas de oportunidades o desafíos inesperados, son cruciales para tu crecimiento y el cumplimiento de tu misión.

Planificar la misión significa:
- Dar prioridad a lo que se alinea con la asignación que Dios te ha encomendado
- Proteger tu «sí» para las cosas fructíferas, no solo para las cosas que ya conoces
- Utilizar el tiempo como una herramienta para promover el impacto del Reino, semana tras semana

Cuando planificas teniendo en cuenta la misión, tu calendario se convierte en un lienzo del propósito divino.

SECCIÓN 4. La espiritualidad de decir «no»

Muchos creyentes se sienten culpables al decir no. Pero en las Escrituras, decir no era a menudo una señal de obediencia.
- Jesús dijo no a las multitudes para poder orar.
- Nehemías dijo no a las distracciones para poder terminar el muro.
- Pablo dijo no a ciertas ciudades porque el Espíritu lo guió a otro lugar.

Decir no a una cosa significa decir sí a lo que es más importante.

Cada sí tiene un costo. Una agenda desordenada a menudo revela una identidad **desordenada**: alguien que intenta demostrar su valor a través de la actividad.

Pero los administradores sabios entienden que **decir "no" no es un rechazo, sino un cambio de dirección. Cómo puedes decir no espiritualmente:**

- Pregúntate: «¿*Esto promoverá mi llamado o lo debilitará?*».
- Ora antes de comprometerte, incluso con cosas buenas.
- Recuerda que la poda es la estrategia de Dios para obtener **un mayor fruto.**

«*Él corta todo ramo que en mí no da fruto...*» — Juan 15:2

La planificación es la poda en acción. Y la poda, aunque dolorosa, protege tus futuros frutos.

SECCIÓN 5. Preguntas para la reflexión

1. ¿Mi agenda actual refleja mis valores o solo mis responsabilidades?
2. ¿Qué actividades debo podar para proteger mi propósito?
3. ¿En qué aspectos me comprometo en exceso por miedo, culpa o inseguridad?
4. ¿Cómo puedo crear más margen de descanso en mi calendario esta semana?
5. ¿Qué compromiso puedo añadir que esté alineado con mi misión a largo plazo?

SECCIÓN 6. Declaración de oración

Padre, gracias por el regalo del tiempo y el propósito. Te entrego mi agenda. Enséñame a administrar cada hora con intención y gracia. Declaro que mi calendario refleja mi llamado, no el caos. Digo sí a lo que importa y no a las distracciones. Que mis ritmos produzcan fruto y protejan la paz. Camino con sabiduría, no bajo presión. Mi agenda está guiada por el Espíritu y alineada con el Reino. En el nombre de Jesús, amén.

Capítulo 6.3

Tiempo, temporadas y discernimiento

Enfoque bíblico:
Eclesiastés 3:1–8, 1 Crónicas 12:32, Gálatas 6:9

Eclesiastés 3:1–8 (RV) *1 Para todo hay una estación, y un tiempo para cada propósito bajo el cielo: 2 Tiempo para nacer, y tiempo para morir; tiempo para plantar, y tiempo para arrancar lo plantado; 3 Tiempo para matar, y tiempo para sanar; tiempo para derribar, y tiempo para edificar; 4 tiempo de llorar y tiempo de reír; tiempo de lamentarse y tiempo de bailar; 5 tiempo de tirar piedras y tiempo de juntarlas; tiempo de abrazar y tiempo de abstenerse de abrazar; 6 tiempo de ganar y tiempo de perder; tiempo de guardar y tiempo de tirar; 7 Tiempo de rasgar y tiempo de coser; tiempo de callar y tiempo de hablar; 8 Tiempo de amar y tiempo de odiar; tiempo de guerra y tiempo de paz.*

1 Crónicas 12:32 (RV) *32 Y de los hijos de Isacar, que eran hombres que entendían los tiempos, para saber lo que Israel debía hacer, sus jefes eran doscientos, y todos sus hermanos estaban a su mando.*

Gálatas 6:9 (RV) *9 Y no nos cansemos de hacer el bien, porque a su tiempo cosecharemos, si no desmayamos.*

INTRODUCCIÓN. No se trata solo del tiempo, sino del momento oportuno

Puedes hacer lo correcto en el momento equivocado y obtener un resultado erróneo. En el Reino, la sabiduría no es solo saber **qué** hacer, sino saber **cuándo** hacerlo. Esa es la diferencia entre **la actividad** y la **unción**.

> *«Todo tiene su momento, y cada cosa su tiempo bajo el cielo»*. — Eclesiastés 3:1

No todas las oportunidades son para el ahora. No todos los retrasos son un no departe de Dios. No todas las puertas abiertas son puertas divinas.

Por eso es fundamental el discernimiento. Este capítulo te ayudará a:
- Reconocer las temporadas de tu vida y tu propósito
- Discernir entre movimiento e impulso
- Evitar decisiones prematuras o retrasos prolongados
- Someter tus temporadas a la dirección de Dios

Porque la mayordomía divina no se trata solo de usar bien el tiempo; es sobre **obedecer el tiempo divino**.

SECCIÓN 1. Las etapas requieren sensibilidad

> *«Los hijos de Isacar entendían los tiempos y sabían lo que Israel debía hacer»*. — 1 Crónicas 12:32

Esta tribu no era conocida por sus armas, sino por **su sabiduría**. Podían discernir en qué temporada se encontraba Israel y alinear sus decisiones en consecuencia.

Este es el llamado para cada administrador del Reino: **Conoce tu tiempo. Actúa con sabiduría. Obedece sin demora.**

SECCIÓN 2. Retrasos, plazos y citas divinas

En lo natural, planificamos con plazos. En el Espíritu, Dios a menudo se mueve a través de **citas divinas**.

Por eso el tiempo puede parecer impredecible, pero cuando caminas con Dios, siempre es **perfecto**.

«No nos cansemos de hacer el bien, porque a su debido tiempo cosecharemos si no nos rendimos». — Gálatas 6:9

Hay un **momento adecuado**. No cualquier momento. No tu momento. No su momento.
¿Por qué Dios se demora?
- Para desarrollar **tu carácter**
- Para protegerte de una exposición prematura
- Para preparar las conexiones adecuadas
- Para alinear las condiciones espirituales y naturales

Los retrasos suelen ser **liberaciones** disfrazadas.
Dios ve el panorama general. Lo que parece una espera es a menudo **un tejido**: Dios está entretejiendo las piezas que aún no puedes ver.
Cómo manejar los retrasos con discernimiento:
- Pregunta: «¿Es esto una prueba de mi **confianza** o una señal para seguir adelante?».
- No fuerces lo que no está listo, espera la confirmación.
- Mantente fiel a lo que tienes delante.
- Adora mientras esperas: mantiene tu corazón sensible y tu espíritu alerta.

Dios no solo redime el tiempo, sino que lo **controla**. No llega tarde. No es pasivo. Es estratégico.
El discernimiento te ayuda a obedecer al ritmo del cielo, no como reacción a la presión.

SECCIÓN 3. Discernir la diferencia entre lo bueno y lo de Dios

No todas las puertas abiertas son una invitación. No todas las oportunidades son tu misión.

El discernimiento dice: *«Solo porque se vea bien no significa que sea de Dios»*.

«Todo está permitido, pero no todo me es beneficioso...» — 1 Corintios 10:23

Los buenos administradores no solo cuentan los minutos, sino que **miden el impulso**. Se preguntan:

- «¿Está es la voluntad de Dios o mi ambición?».
- «¿Esto es sabio o solo emocionante?».
- «¿Está es una oportunidad del cielo, o una distracción disfrazada de destino?».

El discernimiento es lo que te permite saber cuándo:
- Lanzarte o esperar
- Hablar o guardar silencio
- Plantar o podar
- Construir o descansar

No se puede administrar bien el tiempo sin **saber escuchar** y sin tener **un corazón sumiso**.

SECCIÓN 4. Cuándo avanzar y cuándo hacer una pausa

Una de las mayores señales de madurez es saber cuándo actuar y cuándo esperar.

«Hay un tiempo para plantar y un tiempo para arrancar... un tiempo para buscar y un tiempo para abandonar...» — Eclesiastés 3:2, 6

Dios obra en los momentos correctos, no con prisa. Y caminar con sabiduría significa aprender a **percibir el momento divino**, no solo responder a las emociones.

Cuándo avanzar:
- Cuando Dios da instrucciones claras
- Cuando la oportunidad se alinea con una preparación prolongada
- Cuando la paz confirma el sentir
- Cuando la obediencia requiere urgencia

Forzar no es esmerarse. Es **actuar en fe** cuando el Espíritu te mueve.

Cuando hacer una pausa:
- Cuando falta claridad
- Cuando tu alma está ansiosa
- Cuando un consejo sabio sugiere precaución
- Cuando tu deseo es más fuerte que el susurro de Dios

TIEMPO, TEMPORADAS Y DISCERNIMIENTO

Hacer una pausa no es rendirse, es prepararse. Es dar espacio al Espíritu Santo para que afirme o ajuste tu dirección.

«Quédate quieto y reconoce que yo soy Dios». — Salmo 46:10

Algunas puertas solo se abren después de que dejas de forzar la manija. El discernimiento te ayuda a evitar desvíos costosos y a maximizar los momentos estratégicos.

No se trata solo de lo que hay por delante, sino de caminar con Dios **en cada paso.**

SECCIÓN 5. Preguntas para la reflexión

1. ¿En qué temporada me encuentro actualmente y qué se requiere de mí?
2. ¿Me estoy precipitando en algo que Dios me pide que espere?
3. ¿En qué ocasiones he confundido el retraso con un no departe de Dios?
4. ¿Qué oportunidad reciente requiere discernimiento en oración antes de responder?
5. ¿Estoy en una etapa de siembra, poda, edificación o descanso?

SECCIÓN 6. Declaración de oración

Padre, te doy gracias por ser el Señor del tiempo y las temporadas. Confío en tu tiempo más que en el mío. Enséñame a moverme cuando tú digas que me mueva, y a esperar cuando tú digas que espere. Ayúdame a discernir la estación en la que me encuentro, para que pueda caminar con sabiduría, no por impulso. Declaro que no me dejo llevar por la presión, sino por el propósito. Administro mi tiempo con claridad y alineo mis acciones con el ritmo del cielo. En el nombre de Jesús, amén.

SÉPTIMA CLAVE

PROYECCIÓN

(Lo que haces con tu dinero)

Capítulo 7.1

Ver el dinero a través de los ojos del cielo

Enfoque bíblico:
Mateo 6:19–21, Lucas 16:10–11, Deuteronomio 8:18, Proverbios 22:3

Mateo 6:19–21 (RV) *19 No os hagáis tesoros en la tierra, donde la polilla y el óxido destruyen, y donde los ladrones rompen y roban; 20 sino haceos tesoros en el cielo, donde ni la polilla ni el óxido destruyen, y donde los ladrones no rompen ni roban; 21 porque donde esté vuestro tesoro, allí estará también vuestro corazón.*

Lucas 16:10–11 (RV) *10 El que es fiel en lo mínimo, también es fiel en lo mucho; y el que es injusto en lo mínimo, también es injusto en lo mucho. 11 Por tanto, si no has sido fiel en las riquezas injustas, ¿quién te confiará las verdaderas?*

Deuteronomio 8:18 (RV) *18 Pero acuérdate del Señor tu Dios, porque él es el que te da el poder para obtener riquezas, a fin de confirmar su pacto que juró a tus padres, como lo es hoy.*

Proverbios 22:3 (RV) *3 El hombre prudente prevé el mal y se esconde, pero los simples siguen adelante y son castigados.*

INTRODUCCIÓN. El dinero es un espejo y una prueba

El dinero no es solo un medio de intercambio, sino también un **indicador espiritual**.

«Porque donde esté tu tesoro, allí estará también tu corazón». — Mateo 6:21 (NVI)

Este versículo tan profundo resume la esencia espiritual del dinero.

Jesús no dijo que tu tesoro sigue a tu corazón, sino que tu **corazón sigue a tu tesoro, lo que** significa que la forma en que manejas el dinero revela lo que realmente crees, priorizas y valoras.

En el Reino, el dinero es tanto una **prueba** como una **herramienta**:
- Una prueba de **fidelidad y proyección**
- Una herramienta para generar **impacto y expansión**

A Dios no le molesta que tengas dinero. Lo que no quiere es que el dinero **te** tenga **a ti**.

Este capítulo te ayudará a:
- Reformular la riqueza desde una perspectiva del Reino
- Reconocer la administración financiera como una guerra espiritual
- Comprender cómo la confianza y la mayordomía, y no solo el diezmo, gobiernan tu futuro financiero
- Cultivar la proyección para tomar decisiones financieras con frutos duraderos

Porque **el dinero no es solo una provisión, es una preparación.** Tiene el poder de transformar tu vida y la de los demás, dependiendo de cómo se administre.

SECCIÓN 1. El dinero es espiritual, no solo práctico

Muchos cristianos separan su fe de sus finanzas. **Confían en Dios con su alma, pero no con su estrategia.**

Pero en las Escrituras, se habla más del dinero que de la oración, el cielo o el infierno. ¿Por qué? Porque el dinero lo afecta todo, y la forma en que lo manejamos revela **quién dirige nuestras vidas.**

«Si no has sido fiel en el manejo de las riquezas mundanas, ¿quién te confiará las verdaderas riquezas?» — Lucas 16:11 (NVI)

Jesús conecta **el dinero natural** con **la promoción espiritual.** Las «verdaderas riquezas» mencionadas en Lucas 16:11 se refieren a las bendiciones y recompensas espirituales que provienen de la administración fiel de nuestras riquezas mundanas.

El dinero es espiritual porque:
- Influye en tus decisiones.
- Pone a prueba tu corazón
- Afecta tu adoración
- Revela tu confianza
- Impacta tu legado

El enemigo sabe que, si puede mantenerte en la ruina, atado o ciego con respecto al dinero, puede limitar tu capacidad para servir, dar, construir o ir.

Por eso, entender el dinero desde la perspectiva del Reino no es un lujo, es **una necesidad.**

Debemos dejar de ver el dinero como una amenaza para nuestra fe y empezar a verlo como un **servidor de nuestra misión.**

El dinero es un amo terrible, pero una herramienta poderosa cuando se maneja con sabiduría.

SECCIÓN 2. La mayordomía antes que la estrategia

Antes de que Dios te enseñe **cómo** multiplicar la riqueza, te enseña **cómo** llevarla.

La estrategia es esencial, pero la administración es lo primero.

«Acuérdate del Señor tu Dios, porque él es quien te da el poder para obtener riqueza...» — Deuteronomio 8:18 (NVI)

Dios da el poder, pero la administración determina si puedes manejarlo. Muchos creyentes piden abundancia, pero no han dominado el orden.

Dicen:
- «Dios, bendice mi negocio», pero no llevan un control de los gastos.
- «Dios, aumenta mis finanzas», pero no tienen presupuesto.
- «Dios, conviérteme en prestamista», pero gastan sin control.

La mayordomía se ve así:
- Saber lo que entra y lo que sale.

- Pagar lo que se debe, sembrar lo que se instruye, ahorrar lo que es prudente
- Honrar a Dios primero, no al final
- Construir sistemas de confianza y responsabilidad

No necesitas un millón de dólares para empezar a administrar como el Reino. Empieza con lo que tienes en tus manos.

«El que es fiel en lo poco, también lo será en lo mucho». — Lucas 16:10 (NVI)

La fidelidad no se trata de la cantidad, sino de **la actitud y la alineación.**

Si Dios puede confiar en ti para las pequeñas decisiones, también puede confiar en ti para las de gran influencia.

SECCIÓN 3. Lo que Dios recompensa con más

Dios no recompensa el ajetreo; recompensa **el honor.**

Cuando te alineas con los caminos de Dios, no necesitas manipular los resultados. Se trata de mayordomía, no de esfuerzo.

¿Qué busca Dios?
- **Obediencia:** ¿Sigues los principios de Dios incluso cuando eso pone a prueba tu fe?
- **Integridad:** ¿eres honesto con el dinero, incluso cuando nadie te ve?
- **Generosidad:** ¿estás dispuesto a soltar cuando Dios te dice que siembres?
- **Gratitud:** ¿le das las gracias tanto en las épocas de abundancia como en las de escasez?
- **Sabiduría:** ¿te estás preparando para el futuro, en lugar de solo reaccionar al presente?

A Dios no le importa bendecir tu cartera. Él quiere proteger tu adoración.

El administrador sabio no persigue el dinero; lo **atrae** a través de la alineación.

SECCIÓN 4. **Proyección por encima del miedo**

La proyección es la capacidad de mirar hacia el futuro con sabiduría, algo que todo administrador de las finanzas del Reino debe desarrollar.

«El prudente ve el peligro y se refugia, pero el simple sigue adelante y paga el precio». — Proverbios 22:3

El miedo reacciona. La se prepara. El sistema mundial enseña el pánico y la codicia. El Reino enseña **la prudencia y la paz.**

La proyección no significa acumular, sino honrar

- Honrar a Dios con su planificación
- Honrar las oportunidades futuras a través del ahorro
- Honrar a tu familia a través del descanso y la protección
- Honrar tu vocación mediante inversiones inteligentes de tiempo, dinero y energía

La proyeccion, en el contexto de la administración financiera, es la fe que mira hacia adelante. No se trata de dejarse llevar por el miedo a la escasez, sino de creer firmemente que **Dios tiene más reservado para nosotros.**

Hay una paz profunda que proviene de estar preparado. No esperes a que surja la necesidad para prepararte. Prepárate en paz antes de que llegue la presión.

La proyección no está impulsada por el miedo, sino por **la preparación para el futuro.**

Cuando se trata de aprovechar las oportunidades, la diferencia entre los sabios y los necios no es la presencia de la oportunidad, sino **el nivel de preparación.** La proyección es la clave para estar preparado para las oportunidades adecuadas.

SECCIÓN 5. **Preguntas para la reflexión**

1. ¿Cómo veo actualmente el dinero? ¿Como una herramienta, una amenaza o una fuente?

2. ¿En qué aspectos de mis finanzas soy fiel y en cuáles he descuidado la administración?
3. ¿Qué hábito o sistema financiero necesito implementar esta semana?
4. ¿Cómo puedo pasar de tomar decisiones financieras basadas en el miedo a prepararme con proyección?
5. ¿En qué aspectos necesito invitar a la sabiduría de Dios a mis hábitos financieros en este momento?

SECCIÓN 6. Declaración de oración

Padre, te doy gracias por ser mi Fuente. Enséñame a ver el dinero como tú lo ves: no como una carga, sino como una bendición que administrar. Rechazo el miedo y abrazo la proyección. Hazme un administrador sabio y fiel, no solo en lo que gano, sino en cómo te honro con ello. Alinea mi corazón con tus prioridades y deja que tu sabiduría guíe cada decisión que tome. Confío en ti. Te obedezco y te doy gracias por la abundancia que proviene de la alineación. En el nombre de Jesús, amén.

Capítulo 7.2
Dominar el dinero antes de que él te domine

Enfoque bíblico:
Proverbios 22:7, Mateo 6:24, Romanos 13:8,
1 Timoteo 6:6–10

Proverbios 22:7 (RV) *7 El rico domina sobre los pobres, y el que toma prestado es siervo del que presta.*

Mateo 6:24 (RV) *24 Nadie puede servir a dos señores, porque o aborrecerá a uno y amará al otro, o se dedicará a uno y menospreciará al otro. No podéis servir a Dios y a las riquezas.*

Romanos 13:8 (RV) *8 No debáis a nadie nada, sino el amaros unos a otros; porque el que ama al prójimo ha cumplido la ley.*

1 Timoteo 6:6–10 (RV) *6 Pero la piedad con contentamiento es gran ganancia. 7 Porque nada hemos traído a este mundo, y es cierto que nada podemos llevar. 8 Y teniendo alimento y vestido, estemos contentos con eso. 9 Pero los que quieren enriquecerse caen en tentación y en lazo, y en muchas codicias necias y dañinas, que hunden a los hombres en destrucción y perdición. 10 Porque el amor al dinero es la raíz de todos los males; y algunos, codiciándolo, se han desviado de la fe y se han traspasado a sí mismos con muchos dolores.*

INTRODUCCIÓN. **Si no lo dominas, te dominará a ti**

El dinero es un excelente sirviente, pero un amo despiadado.

Muchas personas creen que controlan su dinero, pero es el dinero el que las controla a ellas. El dinero nunca es neutral. Siempre está destinado a algo, se utiliza para alguna cosa e influye en alguien. Se puede usar para alimentar al hambriento, vestir al desnudo y sanar al enfermo, o alguien puede usarlo para explotar, oprimir y destruir. La pregunta es, **estás en cargo de él, o él está en cargo de ti?**

«Los ricos dominan a los pobres, y el que toma prestado es esclavo del que presta». — Proverbios 22:7 (NVI)

Salomón, el hombre más sabio que jamás haya existido, no describió la deuda en términos de inconveniencia. La llamó **esclavitud**.

Jesús dijo: «No se puede servir a Dios y a las riquezas» (Mateo 6:24). Esto significa que cada decisión financiera es **una decisión espiritual**. Si el dinero te impulsa, te engañará. Pero si dejas que Dios te guíe, sus principios te proveerán, dándote la confianza de que estás en el camino correcto.

En este mundo, el dinero tiene influencia. Afecta las decisiones, las relaciones e incluso el acceso a los recursos. Pero en el Reino, si sirves a otro señor que no sea **el Espíritu de Dios,** vas en contra de tu llamado. No solo estás ganando y gastando. **O bien** estás **administrandolo bajo la autoridad de Dios o bien estás a la deriva bajo el dominio del dinero**, porque el dinero compite por el señorío. Ofrece las mismas promesas que Dios —seguridad, identidad, comodidad y poder— pero ofrece resultados falsos y esclavitud espiritual.

La cuestión del dinero es más que una cuestión de presupuesto. Es una **cuestión de señorío.** Jesús no se dirigía a los ateos ni a los materialistas; estaba advirtiendo al pueblo de Dios porque Mammón no solo quiere tu atención, sino también tu lealtad.

Si no aprendes a **dirigir tu dinero**, el dinero te dirigirá a ti. Y cuando el dinero te dirige, terminas buscando la paz, el propósito y la identidad en lugares que no pueden satisfacerte.

Este capítulo no trata sobre consejos financieros, sino sobre **la alineación espiritual.** Vamos a exponer el sutil poder del dinero, a confrontar las mentiras que hemos creído y a construir una base en la que puedan prosperar la sabiduría, la libertad y la proyección.

Ya sea que estés ahogado en deudas, aumentando tus ingresos o simplemente tratando de llegar a fin de mes, esta es tu invitación para **tomar el control,** caminar con claridad y vivir como un administrador que ya ha ganado la guerra contra la riqueza. Tienes el poder de tomar el control de tus finanzas y vivir una vida alineada con tus valores espirituales.

SECCIÓN I. La batalla espiritual por tu cartera

«Nadie puede servir a dos señores... No se puede servir a Dios y al dinero». — Mateo 6:24 (NVI)

Reflexiona sobre este versículo. Simplemente **no puedes**. No "no deberías", ni "intentes no hacerlo"; **no puedes**.

Jesús no hizo una sugerencia; reveló una ley espiritual. El dinero no es solo físico; es espiritual. Tiene presencia, presión y poder. Si no se le hace frente, determinará cómo vives, qué amas y en quién confías.

Las promesas competitivas del dinero

El espíritu de Mammón (un espíritu demoníaco asignado al dinero que Jesús nombró explícitamente) imita el papel de Dios al ofrecer:
- **Seguridad:** «Si tienes suficiente, nunca te preocuparás».
- **Identidad:** «Tu valor está en tu riqueza».
- **Poder:** «La gente te respetará si lo tienes».
- **Libertad:** «Puedes hacer lo que quieras cuando eres rico».
- **Paz:** «El dinero solucionará tu estrés».
- **Protección:** «Los ahorros te protegerán del peligro».

Pero se trata de astutos engaños disfrazados de lógica. Todos hemos escuchado estos susurros seductores. Y la mayoría de nosotros los hemos seguido en algún momento, a veces sin darnos cuenta.

El dinero promete lo que solo Dios puede proporcionar y luego, silenciosamente, exige adoración a cambio.

Jesús no comparó el dinero con el pecado, el orgullo o el egoísmo. Lo comparó directamente con **Dios**. Eso debería aterrorizarnos y despertarnos.

Las señales sutiles de una vida dominada

Puede que no creas que el dinero controla tu vida, pero aquí tienes algunas señales:
- Te **obsesiona** más **la seguridad financiera** que la obediencia espiritual.
- **Eliges trabajos** basándote en el salario, no en el propósito.

- **Te preocupa dar** porque «podrías necesitarlo».
- **Te da miedo dar el diezmo** porque tu presupuesto es ajustado.
- **Mides el éxito** por tus ingresos, no por tu impacto.
- **Comparas tus provisiones** con el ritmo de otras personas.

¿La verdad? El dinero no tiene por qué ser tu ídolo para dominarte, solo necesita controlar tus decisiones.

Pero aquí está el gran avance:

Cuando entregas tu dinero a Dios, pierde su poder sobre ti. Cuando se convierte en una herramienta en lugar de un dios, se convierte en un **arma para el Reino**.

Esta batalla es real. Pero es una batalla que puedes ganar. Profundicemos más.

SECCIÓN 2. Libertad de las deudas y la presión por rendir

«No tengáis ninguna deuda pendiente, excepto la deuda permanente de amaros los unos a los otros...» — Romanos 13:8 (NVI)

La deuda no es solo un problema matemático; es una trampa mental. Te mantiene atrapado en un ciclo de presión, miedo y arrepentimiento. Y en una cultura que celebra el gasto excesivo y la gratificación instantánea, la deuda a menudo se disfraza de **algo normal**.

Pero lo que es común no siempre es del Reino.

La realidad de la deuda en la Iglesia

El pueblo de Dios debe prestar y no pedir prestado (Deuteronomio 28:12), pero las estadísticas muestran que el hogar cristiano promedio tiene miles de dólares en deudas de consumo.

¿Por qué?

Porque creemos que la única manera de vivir bien es **vivir por encima de nuestras posibilidades**.

Financiamos lo que no podemos permitirnos, justificándolo con frases como:
- «Es solo temporal».
- «Todo el mundo tiene deudas».
- «Lo pagaré más adelante».

- «Es una deuda buena».

Pero con el tiempo, esos pequeños compromisos se acumulan y, pronto, tus ingresos no financian tu visión, sino que sirven para pagar tu pasado.

El alto costo de la paz prestada

Las deudas no solo cuestan dinero, también cuestan:
- **Sueño**, por la ansiedad que te produce tener que pagar
- **Alegría**: por la vergüenza de haber tomado malas decisiones.
- **Flexibilidad**: para mudarte o servir cuando Dios te llame
- **Generosidad**: porque dar es parte de tu servicio

No puedes dar lo que pertenece al prestamista. No puedes construir cuando estás ocupado rescatando tu presupuesto.

Y lo peor de todo es que la deuda crea **un espíritu de supervivencia**. Te hace pensar en pequeño, soñar menos y quedarte estancado.

Pero el deseo de Dios es la libertad, no la presión.

«Para libertad nos liberó Cristo...» — Gálatas 5:1 (NVI)

No has nacido de nuevo para vivir encadenado financieramente. Tu llamado es vivir con generosidad, con un propósito y en libertad.

Liberarse: el lado espiritual de la deuda

La libertad comienza con el arrepentimiento, no solo por los malos gastos, sino también por la confianza mal depositada.

Pregúntate a ti mismo:
- ¿He estado confiando en el crédito en lugar de en Cristo?
- ¿He comprado cosas para sentirme mejor conmigo mismo?
- ¿He ignorado la voz de Dios en mis decisiones financieras?

Luego, pasa a la acción:
- **Enfréntate a tu realidad**: haz una lista de todas tus deudas. Ora por cada una de ellas.
- **Elabora un presupuesto con integridad**: cada dólar tiene una asignación.
- **Empieza la bola de nieve**: paga todas las deudas, desde la más pequeña hasta la más grande, con determinación.

- **Honra a Dios primero:** incluso estando endeudado, da el diezmo con fe.
- **Pide una estrategia sobrenatural:** Dios puede guiarte a vender, cambiar o renunciar a algo.

No necesitas sentir vergüenza. Necesitas una estrategia. Dios está listo para sacarte del Egipto financiero y llevarte a una tierra de abundancia.

SECCIÓN 3. La satisfacción es un arma

«Pero la piedad con satisfacción es gran ganancia». — 1 Timoteo 6:6 (NVI)

La mayoría de la gente piensa que la satisfacción es lo **contrario de la ambición**. Pero en el Reino, la satisfacción no es conformarte; significa tener la **confianza** en la suficiencia de Dios.

No necesitas tener más para ser más. No necesitas el futuro para vivir el presente. La satisfacción es un arma espiritual porque te permite:
- Dejar de comparar y empezar a administrar
- Decir «no» a la presión y «sí» a la paz
- Tomar decisiones basadas en la fe, no en el miedo
- Retrasar la gratificación sin perder la identidad
- Ahorrar, invertir y dar sin resentimiento

La cultura del más

El mundo es alérgico a la satisfacción. El diseño de cada anuncio, aplicación y algoritmo está pensado para que te sientas atrasado, como si te estuvieras perdiendo algo.
- ¿Un coche nuevo? Necesitas cambiarlo.
- ¿Una casa nueva? Necesitas más espacio.
- ¿Un teléfono nuevo? Ya está viejo.
- ¿Una nueva bendición? Es hora de publicarla.

Sin embargo, las Escrituras revelan que la satisfacción es **una** cualidad **que se aprende**, no viene innata.

«He aprendido el secreto de estar contento en cualquier situación...»
— Filipenses 4:12 (NVI)

Pablo escribió esas palabras desde una celda. No desde un palacio. No después de recibir un cheque extra. No después de una gran victoria.

Encadenado, encontró la paz porque la satisfacción no proviene de **las circunstancias**, sino de la **convicción**.

El cambio interno

Cuando estás contento:
- Ya no necesitas demostrar tu valor a través de las compras.
- Dejas de medir tu éxito en función de la temporada de otra persona.
- Tomas decisiones financieras más meditadas y a más largo plazo.
- Ves tus ingresos actuales como una semilla, no como un techo.
- Te sientes en paz incluso mientras esperas un ascenso.

Cuando estás insatisfecho:
- Gastas de más para impresionar.
- Retrasas tu generosidad porque «no es suficiente».
- Realizas movimientos financieros de los que luego te arrepientes
- Persigues el éxito sin sentirte nunca satisfecho

La satisfacción silencia la voz de Mammón y vuelve a centrar tu corazón en la fidelidad de Dios.

No se trata de conformarse. Se trata de **obtener una perspectiva clara e inquebrantable sobre lo que realmente importa.**

Puedes estar agradecido por el presente mientras te preparas para el futuro. Encontrar el equilibrio entre la satisfacción y el crecimiento continuo, sin dejar de esperar y trabajar para conseguir más, es el punto óptimo de la mayordomía espiritual y financiera.

SECCIÓN 4. Hábitos de un administrador financieramente libre

La libertad financiera no se trata de cuánto ganas, sino de cuánto **dominas.** El dominio proviene de **los hábitos**, no de los sueños, los deseos o las expectativas.

Jesús dijo que el mayordomo fiel es aquel que **administra bien** (Lucas 16:10). Por lo tanto, el objetivo es **una** mayor **fidelidad**.

Seis hábitos que te mantienen en autoridad

1. **Diezmar con alegría**
   El diezmo no se trata de dinero, sino de dominio. Es una declaración de confianza que dice: *«Dios, te confío lo primero y creo que bendecirás el resto»*.
   Los administradores fieles no diezman al final ni con las sobras; diezman primero, con **honor y obediencia**. Siempre digo: «El diezmo no es solo el 10 % de tus ganancias; es el primer 10 % de tus ganancias».

2. **Llevar un control de cada dólar**
   No puedes dirigir lo que no mides. Los administradores saben lo que entra, lo que sale y a dónde va.
   No se trata tanto de una restricción sino de **una revelación**. Hacer un presupuesto te ayuda a determinar si tu estilo de vida se ajusta a tu asignación.

3. **Vivir por debajo de tus posibilidades**
   Sean ricos o no, los administradores sabios crean un margen de gastos. No gastan todo lo que ganan. Dejan espacio para dar, ahorrar y responder a la voz de Dios, así como a necesidades inesperadas. Esto crea **paz y poder**.

4. **Ahorrar con proyección**
   Ahorrar no es falta de fe, es fruto de la sabiduría. No estás acumulando, te estás preparando.
   José no solo interpretó el sueño del faraón, sino que construyó sistemas de **abastecimiento y supervivencia**. Dios honró esa preoyección.

5. **Dar cuando se nos pide**
   Los administradores libres escuchan. Son sensibles al Espíritu Santo y rápidos para sembrar.
   Dar no es solo un acto de obediencia; es una demostración de tu libertad. Te hace crecer, prueba tu libertad y activa la provisión de Dios.

6. **Orar por tus finanzas**
   Los administradores sabios no solo calculan, sino que **consagran**. Cada reunión de presupuesto es una reunión de oración. Cada decisión financiera es un altar. Los mayordomos sabios buscan la sabiduría, atan el miedo y liberan bendiciones sobre sus hogares. Los hábitos no son glamurosos. Pero conducen a la libertad, y la libertad conduce al fruto.

SECCIÓN 5. Preguntas para reflexionar

1. ¿En qué aspectos he permitido que el dinero domine mis decisiones, emociones o prioridades?
2. ¿Qué hábitos financieros debo romper y cuáles debo desarrollar?
3. ¿Doy, ahorro y gasto de forma impulsiva o con proyección?
4. ¿Estoy realmente contento en esta etapa de mi vida o inquieto por demostrar algo?
5. ¿Cuál es un paso de obediencia financiera que Dios me pide que dé esta semana?

SECCIÓN 6. Declaración de oración

Padre, declaro que el dinero no es mi amo. Soy guiado por Tu Espíritu, fundamentado en Tu Palabra y gobernado por Tu sabiduría. Rompo todo acuerdo con el miedo, la codicia y la presión por esforzarme mas. Elijo la paz sobre la presión, el propósito sobre el rendimiento y la satisfacción sobre la comparación. Diezmo con alegría, doy con fe, ahorro con proyección y administro con integridad. Entregaré cada dólar que reciba. Haz que mi dinero sea santificado y asignado. Soy un administrador del Reino y camino en libertad financiera. En el nombre de Jesús, amén.

Capítulo 7.3

Financiar la visión con la proyección del Reino

Enfoque bíblico:
Habacuc 2:2–3, Proverbios 21:20, Lucas 14:28–30, 2 Corintios 9:10–11

Habacuc 2:2–3 (RV) *2 Y el Señor me respondió y dijo: Escribe la visión, y grábala en tablas, para que corra el que la lea. 3 Porque la visión es aún para el tiempo señalado, pero al final hablará, y no mentirá; aunque tarda, espérala, porque sin duda vendrá, no tardará.*

Proverbios 21:20 (RV) *20 Hay tesoro deseable y aceite en la morada de los sabios, pero el necio lo derrocha.*

Lucas 14:28–30 (RV) *28 ¿Quién de vosotros, queriendo edificar una torre, no se sienta primero y calcula el costo, para ver si tiene lo suficiente para terminarla? 29 No sea que, después de poner los cimientos y no poder terminarla, todos los que la vean comiencen a burlarse de él, 30 diciendo: Este hombre comenzó a edificar y no pudo terminar.*

2 Corintios 9:10–11 (RV) *10 Ahora bien, el que da semilla al sembrador, también os proveerá pan para que comáis, y multiplicará vuestra semilla, y aumentará los frutos de vuestra justicia; 11 siendo enriquecidos en todo para toda generosidad, la cual produce por medio de nosotros acción de gracias a Dios.*

INTRODUCCIÓN. La provisión no persigue deseos

La provisión sigue a la visión, no a la emoción, ni a la ambición, ni a la necesidad, sino a la visión.

Uno de los principios de mayordomía más ignorados en la Biblia es que Dios financia lo que Él asigna. Esto significa que, si tu visión es verdaderamente dada por Dios, no solo tienes el respaldo del Reino, sino también acceso a los recursos del Reino. Sin embargo, el acceso requiere mayordomía. Exige disciplina, del tipo que te da poder para tomar decisiones sabias y tomar el control de tu viaje financiero. Exige proyección, la capacidad de ver más allá del presente y planificar el futuro. No recibes recursos solo porque tienes esperanza; recibes y conservas recursos cuando eres fiel.

Como declaró Habacuc:

> «*Escribe la visión y grábala en tablas, para que corra el que la lea. Porque aún la visión espera su tiempo señalado; se apresura hacia el fin, y no mentirá. Si parece tardar, espérala; sin duda vendrá, no se demorará*». — Habacuc 2:2-3 (ESV)

La orden de escribir la visión no se refiere solo a la claridad, sino también a la preparación. Una visión escrita sirve como guía y brújula en el camino financiero. Orienta las decisiones prácticas, ayudándote a construir estructuras y dirigir los recursos con intención. Te permite vivir con propósito, tomando decisiones que se alinean con tu visión en lugar de responder a la vida a la defensiva.

Cuando carecemos de visión, desperdiciamos las provisiones. Gastamos emocionalmente en lugar de proféticamente, lo que significa gastar alienado con el plan y el propósito de Dios. Tomamos decisiones basadas en el miedo, no en la fe. Perseguimos puertas abiertas sin discernir la dirección divina. Pero cuando abrazamos la proyección, nuestras finanzas pasan de ser una frustración a ser un combustible.

Este capítulo te preparará para:
- Convertir tu visión en una estrategia financiera eficaz.
- Construir almacenes y estructuras financieras que honren a Dios.

- Pasar de las donaciones espontáneas a las inversiones guiadas por el Espíritu
- Caminar en la sabiduría del Reino que multiplica tu provision con el tiempo

Porque en el Reino, la riqueza sin visión es como la lluvia sin un recipiente: se evapora antes de poder regar tu asignación.

SECCIÓN 1. El plano: la visión es el primer presupuesto

«Supongamos que uno de ustedes quiere construir una torre. ¿No se sentará primero a calcular el costo para ver si tiene suficiente dinero para completarla?» — Lucas 14:28 (NVI)

Jesús no solo se refería a la construcción. Estaba revelando un principio espiritual: no puedes administrar lo que no has estructurado.

Cuando la mayoría de la gente piensa en presupuestos, piensa en números, hojas de cálculo, aplicaciones o incluso restricciones. Pero en el Reino, tu primer presupuesto no es financiero, es profético. Comienza con una visión.

Tu visión determina tu sí y tu no. Por ejemplo, si tu visión es estar libre de deudas, dirás no a los gastos innecesarios y sí al ahorro y la inversión. Define tus límites y oportunidades financieras. Te ayuda a identificar qué perseguir y qué posponer.

Sin visión:
- Cada oportunidad parece una obligación
- Persigues inversiones y compromisos dispersos
- Confundes el movimiento con el impulso y el movimiento con la misión
- Dices que sí a personas y proyectos que agotan tu tarea

Sin embargo, con una visión clara, tus finanzas se ven impulsadas por la misión. No se ven sacudidas por las crisis o la presión cultural, sino que apuntan como flechas hacia el destino.

SECCIÓN 2. Convertir la visión en un plan financiero

1. **Escribe la visión en detalle**
   Las visiones vagas acaban con la disciplina. No te límites a decir «quiero iniciar un ministerio» o «quiero abrir un negocio». Sé específico: ¿de qué tipo? ¿Cuál es el costo? ¿Cuáles son los plazos? ¿A quiénes va a servir? Escribe los detalles como si estuvieras preparando planos para una construcción.

2. **Divide la visión en fases**
   Las visiones grandes pueden ser abrumadoras y provocar estrés innecesario. En lugar de intentar lograr todo de una vez, divide tu visión en objetivos manejables de 90 días. Estas metas a corto plazo te ayudarán a mantener la concentración y a gestionar su presupuesto de forma eficaz.

3. **Prevé los recursos necesarios**
   ¿Qué dinero, personas, herramientas, capacitación y sistemas necesitarás en el próximo trimestre? ¿Y el próximo año? Comienzas con lo que tienes a tu alcance. Recuerda cómo Dios le preguntó a Moisés: «¿Qué es eso que tienes en la mano?».

4. **Construye en torno a un propósito, no a la presión**
   Deja que el propósito guíe tus prioridades. Si dejas que la presión determine tus gastos, tu visión se convertirá en una víctima de tus facturas: haz tu presupuesto por llamado, no por crisis.

5. **Ora por el presupuesto, no solo por la bendición**
   Demasiados creyentes oran por la abundancia sin orar por el orden. Si su estructura financiera no puede manejar el aumento, Dios, en su misericordia, puede retenerlo hasta que madures.

6. **Revisa y ajusta cada 30 días**
   La visión debe seguir siendo dinámica. Comprueba tu progreso. Revisa tus números. Ajusta los plazos en función de los resultados, no solo de los sueños. **Dios a menudo da la visión por capas.**

7. **Comunica la visión**
   Comparte la visión con las personas clave, como mentores, intercesores, familiares o miembros del equipo que pueden ayudarte a rendir cuentas. La visión prospera en la claridad, pero se multiplica en comunidad.

8. **Deja espacio para la interrupción divina**
La proyección también incluye flexibilidad. Cuando Dios te redirija, no te resistas. Los administradores sabios equilibran la estructura con la rendición.

Cuando defines la visión, se define la provisión. Si no defines la tarea, el dinero la definirá por ti y, a menudo, te llevará por caminos tortuosos.

SECCIÓN 3. Construye el depósito antes de la tormenta

«El sabio almacena alimentos selectos y aceite de oliva, pero el necio se los traga». — Proverbios 21:20 (NVI)

Una de las disciplinas que más definen el Reino es la preparación. Y una de las disciplinas financieras más ignoradas es la construcción de un depósito.

En la antigüedad, un depósito era una estructura literal: un granero, una bodega o una cámara acorazada. Su propósito era conservar y proteger el excedente. Hoy en día, el almacén se refiere a cualquier sistema intencional que captura el excedente y lo redirige hacia el propósito del Reino.

Dios no bendice el caos. Él bendice la preparación:

«El Señor ordenará que haya bendición en tus graneros y en todo lo que emprendas». — Deuteronomio 28:8 (ESV)

Fíjate en la redacción: Dios ordena la bendición sobre tus graneros. No sobre tus emociones, ni sobre tus intenciones, sobre tus graneros, o sobre tus sistemas.

Los depositos modernos pueden incluir:
- Una cuenta de ahorros para emergencias u oportunidades de negocio
- Un fondo de inversión para la jubilación o el crecimiento futuro
- Una cuenta de donaciones reservada para la siembra y las misiones
- Una entidad legal para estructurar el patrimonio generacional
- Un sistema financiero que controle los ingresos y los gastos con un propósito

- Un fondo asesorado por donantes para donaciones testamentarias
- Una oficina en casa o un espacio físico dedicado a los negocios o al ministerio

Por qué debe construir un deposito

1. **La visión sin estructura se desvanece**
   Si no tienes un lugar donde canalizar el aumento, este será absorbido por gastos espontaneos. **Dios no es derrochador, sino que tiene un propósito.** No derramará donde no haya un plan.
2. **Las bendiciones requieren límites**
   Dios llenó el templo *después* de que estuviera preparado (1 Reyes 8:10–11). Llenó las jarras *después* de que fueran recogidas (2 Reyes 4:2–6). Cuando construyes una estructura, invitas a las bendiciones.
3. **La cosecha requiere almacenamiento**
   José guardó el grano no por miedo, sino por proyección. Egipto alimentó a las naciones durante la hambruna porque José tenía un sistema de almacenes. Su sabiduría preservó no solo un país, sino un pacto.
4. **El excedente es una prueba de mayordomía**
   La mayoría de las personas claman a Dios en tiempos de necesidad, pero se olvidan de Él en tiempos de abundancia. Los almacenes te mantienen humilde, disciplinado y enfocado en el futuro.
5. **La preparación atrae oportunidades**
   Los inversionistas, donadores y socios se sienten atraídos por las personas preparadas. La estructura es señal de administración. Tu preparación puede desbloquear recursos de lugares inesperados.

SECCIÓN 4. Construye antes de la tormenta

No construimos un arca cuando empieza a llover. No ahorramos cuando llega la emergencia. No planeamos la expansión una vez que estamos abrumados. La administración del reino es proactiva. Cuando Dios dice: «Prepárate», no esperes pruebas. Obedece ahora. Así es como Noé construyó el arca (Génesis 6:11–22). Así es como José guardó la quinta parte (Génesis 41:34 y 47:24–26).

Así es como prosperan los creyentes sabios.

SECCIÓN 5. Sembrar en la visión con proyección

«Ahora bien, el que provee semilla al sembrador y pan para comer, también proveerá y aumentará tu reserva de semilla y aumentará la cosecha de tu justicia». — 2 Corintios 9:10 (NVI)

Una de las marcas más significativas de la madurez es la capacidad de reconocer qué gastar y qué sembrar. Los administradores inmaduros comen lo que deberían plantar. Convierten las semillas para la cosecha en bocadillos, retrasando su destino.

En el Reino, no todas las provisiones son para gastar. Algunas son para sembrar, otras para ahorrar y otras para enviar. La proyección te ayuda a discernir la diferencia.

No te limites a dar: invierte en el destino

Dios no solo busca donadores emocionales. Él está formando administradores estratégicos. Dar guiado por el Espíritu tiene que ver con la precisión, no con los aplausos. Fluye de la alineación, no de la ansiedad.

Dar por emoción	Sembrar estratégicamente
Impulsivo	Intencional
Motivado por la presión	Motivado por la oración
Impulsada por la emoción	Impulsado por una tarea
Centrado en el alivio inmediato	Centrado en la recompensa eterna

Tu generosidad debe ampliar tu llamado. No siembres semillas por culpa. Siembra con intención. Identifica ministerios, movimientos, misiones y líderes que se alineen con tu mandato.

Dona como un agricultor, no como un jugador

Los agricultores no lanzan las semillas al azar. Siembran estratégicamente:
- En la temporada adecuada
- En tierra fértil

- Pensando en una cosecha a largo plazo

Eso significa que deberías:
- Programar donaciones regulares (mensuales, trimestrales)
- Reservar una parte para donaciones espontáneas guiadas por el Espíritu
- Medir las donaciones por la obediencia, no solo por la cantidad
- Hacer un seguimiento de las cosechas vinculadas a tu semilla para poder dar gracias y mantenerte fiel

Alinearte con la visión del Reino

Cuando das según las instrucciones de Dios, tu semilla lleva consigo una misión sobrenatural. Las provisiones se multiplican, las puertas se abren y el favor aumenta porque Dios sopla sobre lo que se alinea con Su propósito.

La siembra estratégica no solo bendice al receptor, sino que transforma al dador. Cultiva la fe, la claridad y los avances constantes.

Historias de proyección al dar

- Una empresaria sembró por adelantado el diezmo de un año para una misión que aún no había puesto en marcha. Seis meses después, apareció un donador y financió todo el lanzamiento.
- Una familia regaló su segundo coche y, en 90 días, recibió uno nuevo, valorado el doble.
- Una pequeña iglesia donó generosamente a otro ministerio local. En un año, su proyecto de construcción recibió una financiación milagrosa.

Estas no son fórmulas, son frutos. Cuando das con proyección, te unes al propósito de Dios.

Recuerda: Dios *provee semilla a los sembradores* (2 Corintios 9:10), no a los consumidores. Esto significa que Dios confía los recursos a aquellos que están dispuestos a invertirlos sabiamente y para sus propósitos. Si quieres más semilla, conviértete en un sembrador fiel.

SECCIÓN 6. Preguntas para reflexionar:

1. ¿Qué me ha llamado Dios a construir o liberar en esta temporada?
2. ¿Tengo un plan financiero claro para financiar la visión, o estoy reaccionando sin un plan de acción?
3. ¿Dónde puedo empezar a preparar un «depósito» para futuras asignaciones o aumentos?
4. ¿Doy basándome en la oración, el propósito y la proyección, o en la presión y la emoción?
5. ¿Qué hábito puedo implementar esta semana para administrar la visión con proyección?
6. ¿A quién puedo rendirle cuentas de mi administración financiera?
7. ¿Cómo se manifiesta la fidelidad en esta temporada de recursos?

SECCIÓN 7. Declaración de oración

Padre, gracias por la visión que has puesto en mi corazón. La recibo con fe y responsabilidad. Enséñame a caminar con proyección, no solo con fervor. Dame sabiduría para planificar, disciplina para prepararme y gracia para administrar. Declaro que cada dólar que reciba servirá a un propósito del Reino. No desperdiciaré el aumento, sino que lo canalizaré hacia la tarea asignada. Invoco depositos, estrategias y provisión sostenida. Escribiré la visión, calcularé el costo y caminaré con sabiduría. En el nombre de Jesús, amén.

Resumen del libro

(La administración del Reino)

A lo largo de este viaje, hemos descubierto siete claves transformadoras que desbloquean una vida de mayordomía del Reino. Cada capítulo te ha invitado a ver tu vida no como algo aleatorio o que cede ante la presión, sino como una asignación sagrada. Tienes el llamado de administrar lo que importa, vivir con visión, actuar con sabiduría y multiplicar lo que el Cielo ha confiado en tus manos.

Has visto que la mayordomía no se limita a las finanzas, sino que se extiende a tus pensamientos, tu tiempo, tu voz, tu trabajo y tu adoración. Afecta a todos los aspectos de tu vocación. Cada parte de tu vida es un bien sagrado. Y Dios busca inquilinos fieles que cultiven, hagan crecer y glorifiquen a Dios con lo que Él les ha confiado.

Esto es lo que has aprendido a dominar:
- Ahora **ves** con más claridad: la visión alimenta el propósito.
- **Piensas** con sabiduría: la verdad renueva tu mente.
- **Hablas** con poder: las palabras dan forma al destino.
- **Trabajas** con excelencia: el esfuerzo honra al Maestro.
- **Expresas** gratitud: el agradecimiento multiplica la alegría.
- **Administras el tiempo** con prudencia: las temporadas revelan la estrategia.
- **Manejas el dinero** con proyección: los recursos alimentan la visión.

Cada clave que has aprendido es una herramienta, y cada herramienta requiere acción. El fruto de este libro no está en las páginas leídas, sino en **las vidas transformadas**.

«*Se requiere que los administradores sean fieles*». — 1 Corintios 4:2

Pero la fidelidad es solo el comienzo. Dios desea que te conviertas no solo en un **administrador fiel**, sino también en uno **fructífero**: un edificador, un multiplicador, un vaso confiable que produce 30, 60 y 100 veces más.

Tú eres ese administrador.

Ahora que pasas al diario adicional, no te límites a revisar el contenido. Deja que el Espíritu Santo renueve tus compromisos. Deja que la visión se renueve. Deja que la acción se active.

Porque tu historia no ha terminado. Se te ha confiado una visión. Se te ha equipado con sabiduría.

Ahora es el momento de **construir lo que Dios te ha mostrado.**

Diario extra « »

7 Claves de mayordomia que conducen a la abundancia

Claves de la mayordomía: Autoevaluación

Clave 1: Visión: lo que ves

- ¿Estoy soñando con Dios o limitado por el miedo?
- ¿Qué me ha mostrado Dios que debo anotar y poner en práctica?
- ¿Cómo protejo mi imaginación de las distracciones y las distorsiones?

Clave 2: Conocimiento: lo que piensas

- ¿Con qué estoy alimentando mi mente actualmente?
- ¿En qué aspectos necesito una mayor comprensión para caminar con sabiduría?
- ¿Estoy dispuesto a desaprender lo que me enseñó la cultura y volver a aprender lo que dice la Palabra?

Clave 3: Confesión: lo que dices

- ¿Mis palabras están alineadas con lo que creo o con lo que temo?
- ¿Qué declaraciones necesito pronunciar diariamente sobre mi vida?
- ¿Cómo han contribuido mis palabras a impulsar o frenar mi impulso esta semana?

Clave 4: Trabajo y sabiduría: lo que haces

- ¿Estoy demostrando excelencia y diligencia?
- ¿Qué sistemas o hábitos multiplicarían mi eficacia actual?
- ¿En qué aspectos estoy trabajando más duro en lugar de trabajar de forma más inteligente?

Clave 5: Gratitud: lo que expresas

- ¿Me he detenido a dar gracias a Dios en esta temporada?
- ¿En qué aspectos me he quejado en lugar de honrar?
- ¿Qué puedo celebrar hoy de forma intencional?

Clave 6: Prudencia: lo que haces con el tiempo

- ¿Estoy desperdiciando, gastando o invirtiendo mi tiempo?
- ¿En qué etapa de la vida me encuentro y qué se espera de mí?
- ¿En qué aspectos debo decir «no» para proteger lo que más me importa?

Clave 7: Proyección: lo que haces con el dinero

- ¿Mi dinero está al servicio de mi misión o la está saboteando?
- ¿Tengo un plan financiero por escrito que refleje mis valores y mi visión?
- ¿Dónde me llama Dios a sembrar, almacenar o ampliar?

Oraciones de declaración por cada clave

Clave 1: Visión. Padre, abre mis ojos para ver lo que Tú ves. Rechazo el miedo y recibo claridad profética. Escribiré la visión y la pondré en práctica.

Clave 2: Conocimiento. Dios, busco la sabiduría y el entendimiento. Meditaré en tu verdad día y noche. Pienso como el cielo.

Clave 3: Confesión. Mis palabras son armas. Declaro vida. Declaro tus promesas. Mi boca está de acuerdo con mi misión.

Clave 4: Trabajo y sabiduría. Soy diligente, disciplinado y guiado por el Espíritu. Construyo con excelencia. Mis manos están bendecidas para prosperar.

Clave 5: Gratitud. Te doy gracias, Señor, por todo lo que has hecho y todo lo que estás haciendo. Vivo de la alegría, no de los celos. Honro el presente.

Clave 6: Prudencia (tiempo). Enséñame a contar mis días. Me muevo al ritmo del cielo. Digo sí con claridad y no con paz.

Clave 7: Previsión (dinero). La provisión sigue a la visión. Administro las finanzas con un propósito. No soy esclavo del dinero, sino que lo domino para tu gloria. En el nombre de Jesús, amén.

Registro semanal de mayordomía

Área de administración	Enfoque de esta semana	Paso a seguir	Fruto observado
Visión			
Conocimiento			
Confesión			
Trabajo y sabiduría			
Gratitud			
Tiempo			
Dinero			

Imprime y utiliza esto cada semana para reflexionar, seguir tu progreso y mantenerte centrado.

Página de activación

Mi compromiso de mayordomía responsable

Yo, _____, me comprometo a administrar mi vida con **sabiduría, fe y previsión**. Perseguiré mi visión, buscaré el entendimiento, diré la verdad, trabajaré con diligencia, expresaré mi gratitud, administraré mi tiempo de manera intencional y honraré a Dios con mis finanzas.

Firmado: _____ *Fecha*: _____

Epílogo
Una oportunidad de oro

¡Elegir recibir a Jesucristo como tu Señor y Salvador es la decisión más importante que tomarás en tu vida!

Romanos 10:9-10, 13 (NKJV) 9 Si confiesas con tu boca que Jesús es el Señor y crees en tu corazón que Dios lo levantó de entre los muertos, serás salvo. 10 Porque con el corazón se cree para justicia, pero con la boca se confiesa para salvación. 13 Porque «todo aquel que invocare el nombre del Señor, será salvo».

Por su gracia, Dios ya ha hecho todo lo necesario para proporcionar la salvación. Tu parte es creer y recibir.

Ora en voz alta: «Querido Señor, vengo a ti ahora, tal como soy. Tú conoces mi vida. Tú sabes cómo he vivido. Perdóname, Señor. Me arrepiento de mis pecados. Creo que Jesucristo es el Hijo de Dios. Él murió por mis pecados y, al tercer día, Dios lo levantó de entre los muertos. Señor Jesús, te pido que entres en mi corazón. Vive tu vida en mí y a través de mí de ahora en adelante. A partir de hoy, te pertenezco. Señor, te pido que me llenes con tu Espíritu Santo. En el nombre de Jesús, amén».

En el momento en que entregas tu vida a Jesucristo, la verdad de Su Palabra se cumple instantáneamente en tu espíritu.

Si has hecho esta oración y la has creído en tu corazón, acaba de ocurrir un milagro en tu vida, ¡y ahora eres una persona nueva!

No dudes en ponerte en contacto con nosotros y hacernos saber que has orado para recibir a Jesús como tu Señor y Salvador. Queremos regocijarnos contigo y ayudarte a comprender más plenamente lo que ha sucedido en tu vida. Tenemos información que nos gustaría compartir contigo. Visita www.JasonHaleMinistries.org, completa el formulario de contacto y espera recibir un correo electrónico nuestro con los siguientes pasos para ayudarte a comprender y crecer en tu nueva relación con el Señor.

¡Bienvenido al Reino de Dios Todopoderoso!

Acerca del autor

Durante más de 28 años, el siervo de Dios, Jason Hale, se ha dedicado a ayudar a las personas a sobresalir en cada área de sus vidas. Su ministerio, sus conferencias, talleres y su nuevo libro trabajan en conjunto con esta profunda pasión que lo impulsa. A través del poder de las historias y la aplicación de principios bíblicos, Jason enseña a ministros, iglesias, líderes empresariales, laicos, organizaciones y equipos de ventas sobre cómo acercarse a Dios y, al mismo tiempo, alcanzar la excelencia de manera sobrenatural.

Jason es padre de seis hijos y, al momento de esta publicación, espera la llegada de su cuarto nieto. Es veterano del Ejército de los Estados Unidos desde 1990, ministro ordenado desde 1997 y empresario desde 1998.

www.ingramcontent.com/pod-product-compliance
Lightning Source LLC
Chambersburg PA
CBHW030318080526
44584CB00012B/610